最新法律文件解读丛书

U0754626

行政与执行
法律文件解读

XINGZHENG YU ZHIXING FALÜ WENJIAN JIEDU

人民法院出版社 编

总第**231**辑　2024.03

人民法院出版社

图书在版编目（CIP）数据

　　行政与执行法律文件解读. 总第231辑 / 人民法院出
版社编. -- 北京 ： 人民法院出版社，2024. 8. -- （最
新法律文件解读丛书）. -- ISBN 978-7-5109-4190-0

　　Ⅰ. D922.105

　　中国国家版本馆CIP数据核字第2024Z02P87号

行政与执行法律文件解读·总第 231 辑

人民法院出版社　编

责任编辑　赵杰琼
出版发行　人民法院出版社
地　　址　北京市东城区东交民巷 27 号　邮编　100745
电　　话　（010）67550656(责任编辑)　67550558(发行部查询)
　　　　　　65223677(读者服务部)
客 服 QQ　2092078039
网　　址　http://www.courtbook.com.cn
E - mail　courtbook@sina.com
印　　刷　三河市国英印务有限公司
经　　销　新华书店
开　　本　787 毫米×1092 毫米　1/16
字　　数　115 千字
印　　张　8
版　　次　2024 年 8 月第 1 版　2024 年 8 月第 1 次印刷
书　　号　ISBN 978-7-5109-4190-0
定　　价　28.00 元

▌卷首语

　　为规范市场监督管理行政执法电子数据取证工作，进一步提升执法人员电子数据取证能力，提高行政执法效能，2024年4月7日，国家市场监督管理总局印发了《市场监督管理行政执法电子数据取证暂行规定》（以下简称《规定》）。本辑重点收录了该《规定》及其答记者问，答记者问主要就《规定》的出台背景、电子数据如何定性、网络在线取证的适用情形等问题展开说明，便于读者进一步学习、理解、掌握《规定》。

　　在"指导案例、典型案例与解读"栏目，本辑重点收录了《最高人民检察院关于印发〈检察机关依法维护劳动者合法权益典型案例〉的通知》及其答记者问。该批案例包括依法惩治恶意欠薪、对困难劳动者依法支持起诉、开展检察公益诉讼等，充分体现了检察机关对于劳动者权益保障的高度重视，有利于引导全国检察机关用心用情办好劳动争议等关乎人心向背的民生案件，确保检察权为人民行使、让人民满意。

　　在"地方法规、地方规章与解读"栏目，本辑重点收录了新修订的《广东省法律援助条例》（以下简称《条例》）及其解读文章，《条例》直面省内法律援助工作新问题、新挑战，对推动构建广东省法律援助工作高质量发展的新格局，保障公民和有关当事人的合法权益，维护社会公平正义具有重大意义。

　　在"司法实务问题研究"栏目，本辑收录了《招商引资协议的法律定性研究——以优化法治化营商环境为视角》一文。文章从优化营商环境的视角来认定招商引资协议的性质，并提出公式化综合标准的认定模式。

最新法律文件解读丛书
编　辑　部

兰丽专　　（010）67550626

丁丽娜　　（010）67550608

杨晓燕　　（010）67550508

杨　洁　　（010）67550562

路建华　　（010）67550660

赵杰琼　　（010）67550656

投稿邮箱：

《刑事法律文件解读》　　5184621@ qq. com

《民事法律文件解读》　　1216921515@ qq. com

《商事法律文件解读》　　shangshijiedu@ 126. com

《行政与执行法律文件解读》　　1092123089@ qq. com

目录

部门规章、规章性文件与解读

地方法规、地方规章与解读

指导案例、典型案例与解读

法答网精选答问

司法实务问题研究

部门规章、规章性文件与解读

国家市场监督管理总局

关于印发《市场监督管理行政执法 电子数据取证暂行规定》的通知

2024 年 4 月 7 日   国市监稽规〔2024〕4 号

各省、自治区、直辖市和新疆生产建设兵团市场监管局（厅、委)，总局各司局、各直属单位：

《市场监督管理行政执法电子数据取证暂行规定》已经 2024 年 4 月 1 日市场监管总局第 10 次局务会议通过，现印发给你们，请认真贯彻执行。

市场监督管理行政执法电子数据取证暂行规定

第一章 总 则

第一条 为了规范市场监督管理行政执法电子数据取证工作，提升执法人员电子数据取证能力，提高行政执法效能，根据《中华人民共和国行政处罚法》《中华人民共和国行政强制法》《市场监督管理行政处罚程序规定》等有关规定，制定本规定。

第二条 市场监督管理部门及其执法人员在行政执法过程中围绕电子数据的收集提取、查封扣押、检查分析、证据存储等活动，适用本规定。

第三条 市场监督管理部门及其执法人员应当遵守法定程序，遵循有关技术标准，全面、客观、及时收集、提取涉案电子数据，确保电子数据的真实、合法。

电子数据作为证据使用时，应当符合证据的合法性、真实性、关联性要求。

第四条 市场监督管理部门依法向有关单位或个人收集提取电子数据，有关单位或个人应当如实提供。

执法人员对履行职责过程中知悉的国家秘密、商业秘密、个人隐私应当依法保密。

第五条 市场监督管理部门接收或依法调取的其他国家机关收集、提取的与案件相关的电子数据，经查证属实可以作为行政执法案件的证据使用。

第二章　电子数据取证一般规定

第六条 本规定所称的电子数据是指与案件相关，以数字化形式存储、处理、传输，能够证明案件事实的信息。

电子数据包括但不限于下列信息、电子文件：

（一）文档、图片、音视频等电子文件及其属性信息；

（二）网页、博客、论坛等网络平台发布的信息；

（三）用户注册信息、身份认证信息、数字签名等用户身份信息；

（四）交易记录、浏览记录、操作记录等用户行为信息；

（五）源代码、工具软件、运行脚本等行为工具信息；

（六）系统日志、应用程序日志、安全日志等系统运行信息；

（七）在各类网络应用服务中存储的与案件相关的信息文件等。

第七条　收集、提取电子数据，根据案情需要可以依法采取以下一种或者几种措施、方法：

（一）查封、扣押或先行登记保存原始存储介质；

（二）现场提取电子数据；

（三）网络在线提取电子数据；

（四）其他符合法律、法规、规章规定的措施、方法。

第八条　现场收集、提取电子数据，应当由两名以上具备行政执法资格的人员进行，必要时可以指派或者聘请有专门知识的人员辅助执法人员收集、提取电子数据。

第九条　市场监督管理部门可以利用互联网信息系统或者设备收集、固定电子数据。用来收集、固定电子数据的互联网信息系统或者设备应当符合相关规定，并记录使用的系统、设备、软件的名称和版本号。

第十条　执法人员提取电子数据时，应当制作笔录，由执法人员、电子数据持有人（提供人）签名或者盖章。电子数据持有人（提供人）无法签名、盖章或者拒绝签名、盖章的，执法人员应当在笔录中注明情况并采取录音、录像等方式记录，必要时可以邀请见证人现场见证。

第十一条　具有下列情形之一的，执法人员可以采取打印、拍照、截屏、录屏或者录像等方式固定相关电子数据：

（一）无法查封、扣押原始存储介质并且无法提取电子数据的；

（二）存在电子数据自毁功能或装置，需要及时固定相关证据的；

（三）需要现场展示、查看相关电子数据的；

（四）其他需要采取打印、拍照、截屏、录屏或者录像等方式固定相关证据的情形。

第十二条　执法人员采取打印、拍照、截屏、录屏或者录像等方式固定电子数据的，应当清晰反映电子数据的内容，并在笔录中注明采取打印、拍照、截屏、录屏或者录像等方式固定电子数据的原因，电子数据存储位置、原始存储介质特征和存放地点等情况，由执法人员、电子数据持有人（提供人）签名或者盖章。电子数据持有人（提供人）无法签名、盖章或者拒绝签名、盖章的，执法人员应当在笔录中注明情况，并采取录音、录像等方式记录，必要时可以邀请见证人现场见证。

第十三条 根据执法需要，市场监督管理部门可以委托有资质的第三方电子数据鉴定机构进行鉴定，也可以委托公证机构对电子数据取证过程进行公证。

第三章 查封、扣押原始存储介质

第十四条 在案件查办过程中，发现与案情相关的电子数据，现场无法直接提取，应当依法查封、扣押原始存储介质，对存储介质做唯一性标识并制作笔录，记录原始存储介质查封、扣押前后的状态。

第十五条 查封、扣押原始存储介质，应当依照《中华人民共和国行政强制法》规定的程序进行，并当场交付实施行政强制措施决定书和清单，写明原始存储介质名称、编号、数量、规格型号及其来源等，由执法人员、持有人（提供人）签名或者盖章。

第十六条 查封、扣押原始存储介质时，对无法确定原始存储介质持有人（提供人），原始存储介质持有人（提供人）无法签名、盖章或者拒绝签名、盖章的，执法人员应当在笔录中注明情况，并采取录音、录像等方式记录，必要时可以邀请见证人现场见证。

第十七条 对查封、扣押的原始存储介质，应当符合以下要求：

（一）保证在不解除查封、扣押状态的情况下，无法使用或者启动原始存储介质。必要时，具备数据信息存储功能的电子设备和硬盘、存储卡等内部存储介质可以分别查封、扣押；

（二）查封、扣押前后应当拍摄被查封、扣押原始存储介质的照片。照片应当反映原始存储介质查封、扣押前后的状况，清晰反映封口或者张贴封条处的状况；

（三）查封、扣押具有无线通信功能的原始存储介质，应当采取信号屏蔽、信号阻断或者切断电源等措施；

（四）对原始存储介质的充电线、数据线或其他必要的连接附属品一起查封、扣押。

第十八条 查封、扣押原始存储介质时，可以向相关人员了解、收集并在笔录中注明以下情况：

（一）原始存储介质及应用系统管理情况，网络拓扑与系统架构情况，是否由多人使用及管理，使用及管理人员的身份情况等；

（二）原始存储介质及应用系统管理的用户名、密码情况；

（三）原始存储介质的数据备份情况，有无加密磁盘、容器，有无自毁功能，有无其它移动存储介质，是否进行过备份，备份数据的存储位置等情况；

（四）其他相关的内容。

第四章　现场提取电子数据

第十九条 现场提取电子数据可以采取以下措施保护涉案电子设备：

（一）及时将涉案人员和现场其他相关人员与电子设备分离；

（二）在未确定是否易丢失数据的情况下，不能关闭正在运行状态的电子设备；

（三）对现场计算机信息系统可能被远程控制的，应当及时采取信号屏蔽、信号阻断、断开网络连接等措施；

（四）保护电源；

（五）有必要采取的其他保护措施。

第二十条 现场提取电子数据，应当遵守以下规定：

（一）不得将提取的数据存储在原始存储介质中；

（二）不得在目标系统中安装新的应用程序。如果因为特殊原因，需要在目标系统中安装新的应用程序的，应当在笔录中记录所安装的程序及目的；

（三）应当在笔录中详细、准确记录实施的操作。

第二十一条 现场提取电子数据时，应当制作笔录并列明以下内容：

（一）原始存储介质的名称、存放地点、信号开闭状况及是否采取强制措施；

（二）提取的方法、过程，提取后电子数据的存储介质名称；

（三）提取电子数据的名称、类别、文件格式；

（四）与案件相关的电子数据证据的完整性校验值；

（五）其他应当列明的事项。

第二十二条 对提取的电子数据可以进行数据压缩，并在笔录中注明相应的方法和压缩后文件的完整性校验值。

第二十三条 在电子数据可能灭失或者以后难以取得的情况下，可以依法先行登记保存原始存储介质，并在七个工作日内及时作出处理决定。先行登记保存期间，当事人或者有关人员不得转移、变卖、毁损存储介质，不得删除、修改电子数据。

第五章 网络在线提取电子数据

第二十四条 对公开发布的电子数据、境内远程计算机信息系统上的电子数据，可以通过网络在线提取。

对网络违法行为的技术监测记录资料，可以作为实施行政执法的电子数据证据。

第二十五条 实施在线电子数据取证前，应对用来提取电子数据的计算机系统、设备的硬件、软件环境进行检测，确保完整、可靠，处于正常可运行状态。执法人员在提取电子数据过程中，对可能无法重复提取及无法复现的情形，应当全程录屏。

第二十六条 在线收集、固定电子数据时，可以通过电子签名、可信时间戳、哈希值校验、区块链等证据收集、固定和防篡改的技术手段或者通过电子取证存证平台获取。必要时可以提取有关电子签名认证证书、数字签名、注册信息等关联性信息。

第二十七条 网络在线提取时应当制作笔录或证据报告，并采用截屏、录屏、录像等其中一种或几种方式记录以下信息：

（一）远程计算机信息系统的访问方式；

（二）提取的日期和时间；

（三）提取使用的工具和方法；

（四）电子数据的网络地址、存储路径或者数据提取时的进入步骤等；

（五）计算完整性校验值的过程和结果；

（六）其他依法应当记录的信息。

第六章　电子数据的检查分析

第二十八条 对查封、扣押、先行登记保存的原始存储介质或者提取的电子数据，需要进一步发现和提取与案件相关的线索和证据的，可以进行电子数据检查分析并制作笔录，记录检查分析基本情况、检查过程和检查结果等内容。

第二十九条 电子数据的检查分析，应当由两名以上执法人员进行。必要时可以指派或者聘请有专业技术知识的人员参加。

第三十条 检查分析电子数据应当遵循以下要求：

（一）通过安全的写保护设备接入到涉案检查设备进行检查，或者先制作电子数据备份，再对备份进行检查，无法使用写保护设备且无法制作备份的，应当注明原因，并全程录像；

（二）检查前应对原始存储介质及其封口或者封条处的保护措施进行核对，有必要的应在检查后及时恢复保护措施，并通过拍照、录像等方式记录核对过程；

（三）检查具有无线通信功能的电子设备，应当采取信号屏蔽、信号阻断或者切断电源等措施保护电子数据的完整性。

第七章　电子数据证据的存储

第三十一条　电子数据证据存储应当依据《中华人民共和国保守国家秘密法》《中华人民共和国数据安全法》等法律法规规定，实施安全与保密管理。

第三十二条　电子数据证据存储可以采用介质存储、区块链、云存储等方式。

为防止电子数据证据丢失，可以将其备份存储。

第三十三条　行政处罚案件结案后，应当将电子数据证据按照档案管理的有关规定立卷归档。

第八章　附　　则

第三十四条　本规定中下列用语的含义：

（一）存储介质，是指具备电子数据存储功能的硬盘、光盘、优盘、记忆棒、存储卡、存储芯片等载体或设备。

（二）完整性校验值，是指为防止电子数据被篡改或者破坏，使用散列算法等特定算法对电子数据进行计算，得出的用于校验数据完整性的数据值。

（三）数字签名，是指利用特定算法对电子数据进行计算，得出的用于验证电子数据来源和完整性的数据值。

（四）数字证书，是指包含数字签名并对电子数据来源、完整性进行认证的电子文件。

第三十五条　市场监督管理部门及其执法人员在监督检查过程中的电子数据取证可以参照本规定执行。

第三十六条　本规定自印发之日起施行。

国家市场监督管理总局相关司局负责人就《市场监督管理行政执法电子数据取证暂行规定》答记者问

为规范市场监督管理行政执法电子数据取证工作，进一步提升执法人员电子数据取证能力，提高行政执法效能，国家市场监督管理总局近日公布了《市场监督管理行政执法电子数据取证暂行规定》（以下简称《暂行规定》）。《暂行规定》自 2024 年 4 月 7 日起施行，国家市场监督管理总局相关司局负责人就《暂行规定》回答了记者提问。

问：《暂行规定》作为规范市场监管行政执法的一项重要规定，出台的背景是什么？

答：随着移动互联网技术的飞速发展，网络购物、移动支付、线上线下融合等新业态新模式的不断涌现，互联网经济与实体经济深度融合，经营主体的发展趋势逐步由线下拓展到线上。电子数据的应用越来越普遍，传统执法方式及证据提取方法无法完全适应新形势下的执法新要求，对市场监管执法人员而言，无疑提出了新的挑战。在近年来的执法实践中，地方市场监管部门对电子数据取证工作进行了积极探索，积累了很多好的经验做法。但在顶层设计层面，涉及电子数据取证以及规范取证行为相关的法律法规仍不健全。为了填补市场监管法规体系电子数据取证规定的空白，切实提升执法人员电子数据取证能力，有效规范执法人员电子数据取证行为，破解市场监管执法办案电子数据取证难题，提高行政执法效能，健全完善市场监管法规体系，全面推进严格规范公正文明执法，国家市场监督管理总局坚持问题导向、需求导向、目标导向，制定出台了《暂行规定》。

问：出台《暂行规定》有哪些重要意义？

答：一是《暂行规定》是贯彻落实法律法规和党中央、国务院决策部署的重要举措。党中央、国务院高度重视市场监管工作。党的二十大明确指出，提高行政效率和公信力，全面推进严格规范公正文明执法。2021 年修订的《行政处罚法》新增"电子数据可以作为证据使用"条款，《市场监督管理行政处罚程序规定》也作出相应规定。2021年 12 月，《国务院关于印发"十四五"市场监管现代化规划的通知》中提出"强化对电子数据的取证固证"，此项工作重点任务分工中明确电子数据取证固证由国家市场监督管理总局负责。国家市场监督管理总局制定出台《暂行规定》是贯彻落实上位法和党中央、国务院决策部署的重要举措。

二是《暂行规定》是优化营商环境，推动高质量发展的需要。优化营商环境是培育和激发市场活力、增强发展内生动力的关键之举。打造一流营商环境，需要创新监管方式，维护良好的公平竞争市场秩序。市场监管部门在优化营商环境、推动经济社会高质量发展方面发挥着重要作用，承担着监管执法的重任，既是经济社会高质量发展的推动者，也是广大经营主体合法权益的保护者。《暂行规定》的出台进一步完善监管执法制度机制，有助于有效打击市场监管领域各类违法行为，更有力保护广大经营主体和消费者合法权益，维护良好营商环境。

三是《暂行规定》是解决市场监管执法中电子数据取证难题，提高行政执法效能的需要。电子数据证据较传统证据具有更高的技术性和规范性要求，如何及时、有效、合法地运用电子数据作为定案证据，已成为市场监管执法工作亟须解决的难题。2020 年以来，国家市场监督管理总局以电子数据取证大比武等形式，在全国范围推广实践电子数据取证工作，有效培养了一批电子数据取证专业队伍力量，但基层市场监管执法中电子数据取证能力仍面临不少短板和挑战。《暂行规定》全面明确了电子数据种类、收集提取、查封扣押、检查分析、证据存储等内容、方法和要求，切实解决了市场监管行政执法中电子数据取证难题，为电子数据取证工作提供清晰指引和有效方案。

四是《暂行规定》是完善市场监管法规制度体系、全面推进严格规范公正文明执法的需要。国家市场监督管理总局组建以来，非常注重制度建设和供给。但现行市场监管法规体系中缺少电子数据取证相关制度文件，市场监管部门在执法办案中只能参考公安、法院等部门电子数据取证相关规定。《暂行规定》出台将填补市场监管电子数据取证固证法规体系的空白，具有很强的针对性、操作性、实用性和实效性，既是市场监管电子数据取证固证的一项实践创新，也是健全完善市场监管法规制度体系的内在要求，更是全面推进严格规范公正文明执法的有力举措。

问：《暂行规定》中对电子数据是如何定性的？

答：《暂行规定》对电子数据定义进行概括，电子数据是指"与案件相关，以数字化形式存储、处理、传输，能够证明案件事实的信息"。据此以数字化形式存储的音视频属于电子数据，而以模拟信号存储的磁带、录像带等音视频属于视听资料。同时，对常见电子数据类型进行了列举，其中包含了常见的图片、音视频等电子文件及附属信息，也涵盖了网络平台发布信息、网络应用服务存储的信息、用户身份信息、行为工具信息、系统运行信息等。现行法律法规对不同类型的证据（书证、物证）有不同的要求，只有符合法定要求的证据才能作为行政执法过程中认定事实的依据。《暂行规定》有效解决了公众和执法人员对于电子数据定性认识不清的问题，同时可以让执法人员在提取电子数据时，根据不同的证据类型采用不同的固证方式。

问：《暂行规定》对电子数据取证证据效力作了哪些规定？

答：电子数据取证固证是否符合法定程序、技术标准，是否真实、合法、有效，直接影响电子数据证据效力和行政执法公信力。《暂行规定》严格对照《行政处罚法》《市场监督管理行政处罚程序规定》内容，重点在实操层面明确了电子数据取证固证适用情形、提取方法和相关要求。

一是明确了提取电子数据种类及方法。结合电子数据证据具备的真实性、关联性、合法性三个要素，《暂行规定》明确了七类常见电子数据类型。在实际执法中，执法人员应首先判断提取电子数据的类型，并灵活选取电子数据的提取方法，可以对电子数据进行现场提取，也可以通过互联网实施在线提取，还可以按照《行政强制法》对原始介质进行查封、扣押。

二是明确了电子数据取证适用场景。结合执法实践，《暂行规定》分别规定了现场提取电子数据，网络在线提取，查封、扣押原始介质，电子数据检查分析及电子数据证据的储存等多种适用场景，同时详细规定了执法人员在不同场景下可行使的法定职权。可以通过截屏、录像、查封、扣押、先行登记保存等不同方式合法高效完成电子数据取证工作。

三是明确了电子数据取证需记录的要点。结合执法需要，《暂行规定》强调笔录制作的内容要素，执法人员可以选择在《现场检查笔录》《电子数据提取笔录》等文书中记录。同时对笔录中应列明的内容作了规定，明确了笔录内容要素和记录要点，尤其是在网络在线提取电子数据时应充分考虑网络环境复杂性，应在笔录中记录远程计算机信息系统的访问方式、提取的日期和时间、提取使用的工具和方法、电子数据的网络地址、存储路径及计算完整性校验值的过程和结果等信息，为执法人员在制作笔录时指明应当记录的电子数据取证要素，明确电子数据取证步骤，有效避免因执法人员遗漏取证关键步骤，导致证据无效的问题。

问：《暂行规定》对网络在线取证的适用情形作了哪些规定？

答：《暂行规定》第五章第二十四条规定了网络在线提取电子数据的两种适用情形。

一是参照《最高人民法院最高人民检察院公安部关于办理刑事案件收集提取和审查判断电子数据若干问题的规定》以及公安部印发的《公安机关办理刑事案件电子数据取证规则》，并充分结合市场监管行政执法职能，明确对公开发布的电子数据、境内远程计算机信息系统产生的电子数据，可以通过网络在线提取。

二是充分考虑网络监测场景，参考《网络交易监督管理办法》《互联网广告管理办法》等相关规章，确定了对网络违法行为的技术监测记录资料，可以作为实施行政执法的电子数据证据。

问：《暂行规定》出台后，对下一步贯彻落实工作有何打算？

答：《暂行规定》出台对推进市场监管部门履职尽责、依法行政，提升执法人员能力和执法效能，全面推进严格规范公正文明执法，具有重要意义。《暂行规定》的实施将助力市场监管部门更好地维护市场秩序、保护消费者权益、促进公平竞争和推进法治政府建设。国家市场监督管理总局将以《暂行规定》出台为契机，着力做好以下几项工作。

一是加强宣传培训指导。开展线上宣传，通过执法稽查云课堂对执法人员进行培训，让全系统能够迅速理解掌握《暂行规定》，促进基层执法人员善于运用法治思维、法律手段和电子数据取证技术破解执法难题，不断提升依法行政的效能和水平，服务加快推进全国统一大市场建设。二是制定编印电子数据取证典型案例和执法手册，结合基层市场监管电子数据取证实践，编印电子数据取证典型案例，及时总结推广典型经验。加强电子数据取证实战研究，编写通俗易懂、便于操作的指导手册，切实提升市场监管执法人员电子数据取证能力。三是继续开展好市场监管电子数据取证大比武练兵活动，通过比武实战，达到以赛促学、以赛促练、以赛促用的目的，强化电子数据取证精英人才应用，发挥人才在查办大案要案、跨区域案件中的作用，全面提升全国市场监管执法效能。

（来源：国家市场监督管理总局网站）

司法部

关于印发《行政复议普通程序听取意见办法》《行政复议普通程序听证办法》《关于进一步加强行政复议调解工作推动行政争议实质性化解的指导意见》的通知

2024 年 4 月 3 日   司规〔2024〕1 号

各省、自治区、直辖市人民政府行政复议机构，新疆生产建设兵团行政复议机构，国务院各部门行政复议机构：

《行政复议普通程序听取意见办法》《行政复议普通程序听证办法》《关于进一步加强行政复议调解工作推动行政争议实质性化解的指导意见》已经司法部部长办公会议审议通过，现予印发，请认真贯彻执行。

行政复议普通程序听取意见办法

第一条 为规范行政复议普通程序听取意见工作，进一步提高行政复议工作质效，更好保护公民、法人、其他组织的合法权益，根据《中华人民共和国行政复议法》，制定本办法。

第二条 本办法所称听取意见，是指行政复议机构适用普通程序办理行政复议案件时，当面或者通过互联网、电话等方式听取当事人的意见，并将听取的意见记录在案，查明案件事实的审理过程。

第三条　行政复议人员应当结合被申请人提交的答复书和证据材料，主要就案件事实和证据听取申请人意见。

行政复议人员在听取意见时，根据案件实际情况和实质性化解行政争议的要求，询问申请人的调解意愿。

第四条　下列事项作为听取申请人意见的重点内容：

（一）与申请人本人行为有关的签字、录音录像、证人证言、执法笔录等证据是否真实；

（二）行政行为对申请人涉案的资格资质、权利义务、行为能力等情况的认定是否准确；

（三）行政行为对申请人人身权、财产权、受教育权等合法权益造成的具体损害；

（四）行政行为作出过程中，申请人的知情、陈述、申辩、听证等程序性权利是否得到保障；

（五）申请人在申请书等材料中所述，与被申请人证据材料反映的案件事实有矛盾的部分；

（六）行政复议机构认为其他应当听取意见的。

申请人在申请书等材料中已对上述事项充分、完整陈述意见的，行政复议人员可以询问申请人有无其他补充意见。

第五条　行政复议人员听取申请人意见时，应当表明身份，主动说明案由和听取意见的法律依据。听取意见应当耐心、细致，用语文明、规范，并客观、如实记录申请人的意见。当面或者通过视频方式听取意见时，还应当出示行政复议人员工作证件。同步录音、录像的，应当告知申请人相关情况。

第六条　在申请人未查阅、复制相关证据材料的情况下听取意见时，行政复议人员应当先对相关证据材料的名称、主要内容和证明目的进行描述。

申请人要求查阅、复制相关证据材料后再陈述意见的，行政复议机构应当依法安排申请人进行查阅、复制。申请人查阅、复制相关证据材料时，应当当面询问其意见。

第七条　当面听取申请人意见的，行政复议人员不得少于两人。当面听取意见应当形成书面记录，必要时同步录音、录像。

前款规定的听取意见记录，应当记载听取意见的对象、方式、时间、地点、意见主要内容，经申请人核对无误后签字确认，并由行政复议人员签字。申请人拒绝签字的，行政复议人员应当注明。

第八条　通过电话、即时通讯的音视频工具听取申请人意见的，应当进行同步录音、录像，并形成书面记录。通过电子邮箱、即时通讯的文字工具听取申请人意见的，应当截屏存档，并形成书面记录。

前款规定的听取意见记录，应当记载听取意见的对象、方式、时间、通话号码或者互联网地址、意见主要内容、音像或者截屏等留证材料目录，并由行政复议人员签字。

第九条　当面或者通过互联网、电话等方式听取申请人意见时，申请人表示事后提供书面意见的，应当明确提供书面意见的具体期限。

第十条　申请人未提供互联网、电话等联系方式的，行政复议人员可以通过被申请人或者申请人所在地的行政复议机构与申请人联系，请其提供有效联系方式。

第十一条　申请人陈述意见时，对法律或者事实有明显误解，或者所陈述的意见与案件审查明显无关时，行政复议人员可以释法明理，进行必要的引导。

第十二条　同一行政复议案件申请人人数众多的，可以根据查明案件事实的需要，听取申请人代表或者部分申请人的意见。

第十三条　第三人意见的听取，参照听取申请人意见的规定办理。

第三人的利益诉求与申请人有冲突的，可以就双方各自提出的案件事实和证据，听取对方意见。

第十四条　听取被申请人的意见，依法通过通知其提交书面答复和证据材料的方式进行。

第十五条 下列情形属于因当事人原因不能听取意见的情形：

（一）听取当事人意见时被拒绝的；

（二）当事人提供的电话、即时通讯的音视频联系方式在三个以上不同工作日均无法接通，或者提供的电子邮箱、即时通讯的文字联系方式在五个工作日内均未应答的；

（三）当事人未提供互联网、电话等联系方式，行政复议机构无法取得联系的；

（四）当事人表示事后提供书面意见，逾期未提供的；

（五）其他因当事人原因不能听取意见的。

上述情形应当留存相关证据并记录在案，由两名以上行政复议人员签字确认。

第十六条 行政复议机关应当综合考虑所听取的当事人意见，对案件证据材料进行审查，认定案件事实。

第十七条 听取意见记录及录音、录像、截屏等留证材料应当附卷存档备查。

第十八条 适用简易程序审理的案件，可以参照本办法的规定听取当事人意见。

第十九条 听取意见记录的示范文本由司法部另行制定。

第二十条 本办法自发布之日起施行。

行政复议普通程序听证办法

第一条 为规范行政复议普通程序听证工作，进一步提高行政复议工作质效，更好保护公民、法人、其他组织的合法权益，根据《中华人民共和国行政复议法》，制定本办法。

第二条 本办法所称行政复议听证，是指行政复议机构适用普通程序办理行政复议案件时，组织涉案人员通过陈述、申辩、举证、质证等形式，查明案件事实的审理过程。

本办法所称当事人，是指行政复议案件的申请人、被申请人、第三人。当事人及其代理人、参加听证活动的证人、鉴定人、勘验人、翻译人员为听证参加人。

第三条 审理下列重大、疑难、复杂的行政复议案件，行政复议机构应当组织听证：

（一）涉及国家利益、重大社会公共利益的；

（二）涉及群体性纠纷或者社会关注度较高的；

（三）涉及新业态、新领域、新类型行政争议，案情复杂的；

（四）被申请人定案证据疑点较多，当事人对案件主要事实分歧较大的；

（五）法律关系复杂的；

（六）其他重大、疑难、复杂案件。

申请人提出听证申请，行政复议机构认为有必要的，可以组织听证。

第四条 行政复议机构应当在举行听证的 5 个工作日前将听证时间、地点和拟听证事项等以听证通知书的方式通知当事人。

行政复议机构举行听证前决定变更听证时间、地点的，应当及时告知当事人，并说明理由。

第五条 申请人、第三人委托代理人参加听证的，应当在听证开始前提交授权委托书。

申请人、第三人人数众多且未推选代表人的，行政复议机构可以视情况要求其推选代表人参加听证。代表人参加听证的，应当在听证开始前提交代表人推选材料。申请人、第三人推选不出代表人的，行政复议机构可以在申请人、第三人中指定代表人。

被申请人的负责人应当参加听证。不能参加的，应当说明理由，并委托相应的工作人员参加听证，在听证开始前提交授权委托书。

第六条 接到听证通知书后，申请人、第三人不能按时参加听证的，应当及时告知行政复议机构并说明理由。

当事人无正当理由拒不参加听证的，行政复议机构进行缺席听证。

第七条 行政复议机构应当指定一名行政复议人员任主持人，两名以上行政复议人员任听证员，一名记录员制作听证笔录。

当事人认为主持人、听证员、记录员与案件有直接利害关系要求回避的，由行政复议机构决定。

第八条 听证室正中设听证主持人和听证员席位。主持人席位前方设申请人、被申请人及代理人席位，分两侧相对而坐。第三人的席位，根据其利益诉求和当事人人数情况，设置在申请人或者被申请人一侧。证人、鉴定人、勘验人位置设置在主持人席位正前方。

第九条 听证开始前，主持人、听证员应当核实当事人身份，核实代理人身份及授权委托书、授权事项范围，核实证人、鉴定人、勘验人、翻译人员的身份。

第十条 核实听证参加人身份后，主持人应当宣布以下听证纪律：

（一）听证参加人在主持人的主持下发言、提问；

（二）未经主持人允许，听证参加人不得提前退席；

（三）未经主持人允许，不得录音、录像或者摄影；

（四）不得大声喧哗，不得鼓掌、哄闹或者进行其他妨碍听证秩序的活动。

第十一条 主持人宣布听证开始，按照下列程序实施听证：

（一）主持人说明案由和听证参加人；

（二）申请人陈述行政复议申请的主要事实、理由，明确行政复议请求，并可以举证；

（三）被申请人陈述行政复议答复要点并举证；

（四）第三人参加听证的，由第三人陈述自己观点，并可以举证；

（五）证人、鉴定人、勘验人参加听证活动的，由其进行相关陈述，回答主持人、听证员和经主持人同意的当事人的提问；

（六）各方质证；

（七）各方围绕主持人归纳的案件焦点问题陈述意见、进行申辩；

（八）主持人、听证员对需要查明的问题向听证参加人询问；

（九）主持人询问当事人有无补充意见。

主持人可以根据案件审理的具体情况，对前款规定的流程顺序进行适当调整。

证人、鉴定人、勘验人仅在需要其进行相关陈述、回答提问、核对听证笔录环节参与听证活动。

第十二条 前条规定的程序结束后，主持人可以询问当事人是否同意现场调解。当事人同意的，主持人进行现场调解。

第十三条 有下列情形之一的，听证主持人可以决定中止听证：

（一）当事人有正当理由不能及时到场的；

（二）经核实听证参加人身份有误，不能当场解决并影响案件审理的；

（三）听证过程中发现需要通知新的参加人到场，或者有新的事实需要调查核实，不能当场完成的；

（四）其他影响听证正常进行，不能当场解决的。

中止听证后，恢复听证的时间、地点和拟听证事项等由行政复议机构决定并通知当事人。

中止听证不影响行政复议审理期限的计算。确需停止行政复议审理期限计算的，应当依照《中华人民共和国行政复议法》第三十九条的规定，决定中止行政复议。

第十四条 记录员应当将行政复议听证的全部活动记入听证笔录。行政复议机构认为有必要的，可以对听证情况进行全过程录音、录像。

本办法第十一条、第十二条规定的程序结束后，由主持人宣布听证结束，并组织听证参加人对听证笔录确认无误后签字。听证参加人认为笔录有差错的，可以要求更正。听证参加人拒绝签字的，由听证主持人在笔录中注明。

第十五条 对于违反听证纪律、扰乱听证秩序的听证参加人，主持人有权劝阻和警告。

听证参加人无正当理由且未经许可中途退出听证，行政复议机构进行缺席听证。相关情况应当记入听证笔录。

第十六条 同时符合下列各项条件的，行政复议机构可以采取线上视频方式举行听证：

（一）各方当事人均同意采取线上视频方式举行听证；

（二）案件不涉及国家秘密、商业秘密、个人隐私或者可能危及国家安全、公共安全、社会稳定的情形；

（三）听证参加人具备参与在线听证的技术条件和能力，包括具备上传和接收证据材料、进行线上电子签名确认等技术条件；

（四）不需要证人现场作证和鉴定人、勘验人现场发表意见；

（五）不存在必须通过现场核对相关证据材料才能够查清案件事实的情形。

第十七条 线上视频方式举行听证，按照本办法规定的相关程序进行。主持人、听证员应当加强在线身份核实，并强化说明引导，维护当事人合法权益和听证秩序，确保线上听证顺利进行。

第十八条 现场听证的案件，符合本办法第十六条第二项至第五项规定的，证人、鉴定人、勘验人可以通过线上视频方式作证或者发表意见。

符合前款规定条件，部分当事人可以通过线上视频方式参加听证。但是，其他当事人有合理理由提出异议的除外。

第十九条 行政复议听证不得向当事人收取任何费用。

经过听证的行政复议案件，行政复议机关应当根据听证笔录、审查认定的事实和证据，依法作出行政复议决定。

第二十条 本办法自发布之日起施行。

关于进一步加强行政复议调解工作
推动行政争议实质性化解的指导意见

　　加强行政复议调解工作对于推动行政争议实质性化解，深化行政争议源头治理，充分发挥行政复议公正高效、便民为民的制度优势和化解行政争议的主渠道作用具有重要意义。新修订的《中华人民共和国行政复议法》高度重视调解工作，强化调解在行政复议中的运用，完善了行政复议调解制度，对行政复议调解工作提出了更高要求。为贯彻落实新修订的行政复议法，切实加强行政复议调解工作，现提出如下意见。

一、总体要求

　　坚持以习近平新时代中国特色社会主义思想为指导，全面贯彻落实党的二十大精神，深入学习贯彻习近平法治思想，自觉践行以人民为中心的发展理念，坚持和发展新时代"枫桥经验"，贯彻落实新修订的行政复议法，坚持依法能动复议，进一步拓宽行政复议调解范围，加大行政复议调解工作力度，健全行政复议调解工作机制，全面提升行政复议调解能力，不断提高调解结案比重，充分发挥调解在矛盾纠纷预防化解中的基础性作用，推动行政争议化解在基层、化解在初始阶段、化解在行政程序中，切实维护人民群众的合法权益，为落实全面依法治国方略、推进法治政府建设、维护社会安全稳定发挥更大作用。要坚持依法自愿。开展行政复议调解工作应当充分尊重当事人意愿，不得损害国家利益、社会公共利益和他人合法权益，不得违反法律法规的强制性规定。要坚持应调尽调。切实贯彻调解优先的工作理念，在案件办理全流程、各环节有针对性地加强调解工作，积极引导和促进当事人通过调解方式达成共识，及时化解行政纠纷。要坚持务实高效。坚持问题导向、结果导向，全面了解申请人的争议由来和实质诉求，找准矛盾症结，采取因势利导、便捷灵活的方式方法解决行政争议，防止程序空转。要坚持统筹协调。协调整合各部门行政资源参与调解，增强与司法机关等共同推进行政争议源头治理合力，加强与人民调解、专业调解等调解机制的有机对接，形成程序衔接、优势互补、协同配合的行政争议化解机制。

二、全面强化行政复议调解和行政争议源头治理工作

（一）实现调解工作对各类行政复议案件全覆盖。认真做好涉行使行政裁量权行政行为的调解工作，综合研判事实、性质、情节、法律要求和本地区经济社会发展状况等因素，在当地行政裁量权基准明确的范围内提出或者指导形成调解和解方案；尚未制定行政裁量权基准的，要加强类案对比，调解和解方案与类别、性质、情节相同或者相近事项的处理结果要保持基本一致。能动开展羁束性行政行为调解工作，对应予维持但申请人确有合理需求的，要指导申请人通过合法方式满足法定条件，并可在法律允许范围内为申请人提供便利。加大"一揽子"调解力度，对行政争议的产生与其他行政行为密切相关，适合由行政复议机构一并调解的，组织各方进行调解，真正做到一并调解、案结事了。增强调解工作针对性，对行政行为存在违法或不当问题的，要推动被申请人主动采取自我纠错或者补救措施；对仅因申请人存在误解或者不满情绪引发争议的，要做好解释说明和情绪疏导工作。

（二）将调解工作贯穿到行政复议办理全过程。积极引导当事人在案件受理环节参加受理前调解，通过被申请人自查自纠、向申请人释法明理等工作，申请人同意撤回行政复议申请的，不再处理该申请并按规定记录、存档。高度重视行政复议案件审理环节的调解工作，案件承办人要充分利用听证会、听取意见、调解会等开展诉求沟通、法理辨析、情绪疏导，提出或者指导形成调解和解方案，积极促使各方意见达成一致。对于当事人有明显调解意愿但期限不足的，行政复议机构可以运用行政复议中止制度，经当事人同意后中止计算相关期限，及时开展和完成调解工作。要避免久调不决，在任一方当事人提出恢复审理请求，或

者行政复议机构评估认为难以达成一致意见的，及时终止调解，依法作出行政复议决定。

（三）加大行政复议调解书的履行力度。盯紧行政复议调解的"最后一公里"，对行政复议调解书明确的履行内容，行政复议机构应当鼓励当事人在制发行政复议调解书时履行；即时履行确有困难的，引导当事人在合理期限内履行。行政复议调解书对原行政行为进行变更的，原行政行为不再执行。行政复议机构要建立行政复议调解书履行情况跟踪回访制度，加强对被申请人履行情况的监督。对被申请人不履行或者无正当理由拖延履行行政复议调解书的，制发责令限期履行通知书，并运用约谈、通报批评等监督手段，督促被申请人履行。对调解过程中发现的违法或不当行政行为，即使调撤结案，也应当通过制发行政复议意见书等方式，督促相关行政机关予以纠正。

（四）加强重点领域行政争议的调解工作。行政复议机构要对本地区、本系统行政争议总体情况定期梳理，针对行政争议数量较多、案结事了率较低的房屋及土地征收、行政处罚、工伤认定等重点领域，加强调查研究，在找准问题根源的基础上，分类施策，促进行政争议实质性化解。加强涉企行政复议案件调解工作，推动被申请人提升涉企执法水平，依法平等保护各类市场主体，为企业健康发展营造公平、稳定、可预期的良好环境。积极邀请工商联、商会、优秀企业家参与行政复议调解，增强涉企行政复议调解工作的实效性。

（五）强化行政争议源头治理。行政复议机构要强化源头治理观念，增强前端化解能力，做深做实"抓前端、治未病"。注重在调解过程中了解社情民意，充分研判行政执法不规范、行政管理不科学的问题和类型化矛盾成因，通过推动行政执法机关改进和完善行政执法行为，有效预防各类行政争议的发生。主动与人民法院、人民检察院和有关行政机关等单位建立沟通交流和共同研判机制，结合当地实际，选取土地管理、生态环境保护、食品药品安全、教育、社会保障、安全生产、税收等关系群众切身利益的重点领域，每年度至少开展 1 次行政争议源头治理专题交流研判活动。

三、建立健全行政复议调解工作机制

（六）建立行政复议调解工作台账。行政复议机构要完整记载每件行政复议案件征询申请人调解意愿情况、调解工作开展情况、调解书履行情况、调解未成功原因分析情况等。除行政复议申请不符合受理条件、案件本身难以进行调解等情况外，征询申请人调解意愿率要逐步达到100%。要定期统计分析各案件承办人、本单位和下一级行政复议机构调解开展率、调解结案率、调解书履行率等数据信息，将相关数据作为分析、研究、改进行政复议调解和实质性化解工作的重要依据。

（七）优化行政复议调解工作平台。充分依托行政复议接待窗口、基层司法所、公共法律服务中心等，开展行政复议调解工作。行政复议机构要主动担当作为，有效发挥各类行政争议化解中心的平台作用，通过在政务中心服务大厅、矛盾纠纷多元化解机构、信访中心等场所增设窗口、设置智能终端、张贴宣传图解等方式，引导更多行政争议通过行政复议渠道化解，以行政复议调解和解方式结案，并积极与行政诉讼调解进行信息对接，实现信息数据和调解经验共享，有条件的地方可以探索承接人民法院委托移交的行政争议调解工作。

（八）健全第三方力量参与行政复议调解机制。积极引入第三方力量参与行政复议调解，增强行政复议调解工作合力。建立行政复议调解专家库，根据案件需要抽调专家库中相关领域的专家作为调解员，与行政复议案件承办人共同调解。与当地群众日常生活密切相关的案件，可以邀请争议发生地的人大代表、政协委员、基层群众自治组织成员等作为调解员共同参与行政复议调解。对于案件涉及的民事纠纷，可以引导当事人通过人民调解组织、专业调解组织等多元纠纷化解力量先行调解。探索建立经询问当事人同意后，将有关民事纠纷移交人民调解组织、专业调解组织等多元纠纷化解力量进行调解的对接机制。

（九）完善行政复议调解工作统筹协调机制。对于涉及面广、利益

关系复杂、影响力大、社会关注度高的行政复议案件，行政复议机构要提请行政复议机关组织被申请人和相关政府部门共同参与调解，整合行政资源，推动实质性化解。重大、疑难、复杂行政复议案件的调解，要提交行政复议委员会咨询论证。行政复议调解可能涉及标的数额较大幅度改变的，要求被申请人依照内部决策程序提出方案，确保调解和解方案合法合规。相关行政复议案件调解工作情况，要及时报送行政复议机关负责人。对于本地区多发的涉及跨部门行政职权的案件，要逐步形成常态化调解统筹协调机制。

四、加强行政复议调解工作保障

（十）加强组织领导。各级司法行政机关要积极争取党委、政府的重视支持，逐步将行政复议调解工作纳入法治政府建设有关考核指标体系，推动行政争议实质性化解。加强和规范行政复议调解工作管理，切实转变观念，形成注重运用调解方式推进复议工作的良好氛围，克服不愿调、不会调、不善调等问题。要协调相关部门统筹安排行政复议调解工作所需设施装备和经费预算，把行政复议调解工作纳入政府购买行政复议与应诉服务内容。

（十一）重视能力建设。加强对参与调解的行政复议人员和第三方人员的专业知识、调解技能、职业道德等方面的培训，加快建设高水平的行政复议调解队伍。要树立精品意识，积极培育一批成绩突出、群众认可的行政复议调解工作室或者调解员，不断创新调解工作方法、工作模式，提高行政复议调解工作能力。

（十二）加大宣传力度。行政复议机构要及时总结、宣传开展行政复议调解工作的先进经验、先进事迹、先进人物，充分发挥示范引领作用。要通过政府网站、新闻发布会、报刊、电视、网络和新媒体等方式，全方位宣传行政复议调解工作优势特点和生动案例，引导更多当事人通过行政复议调解方式实质解决行政争议，推动提升行政复议工作的群众满意度。

广东省法律援助条例

(1999 年 8 月 5 日广东省第九届人民代表大会常务委员会第
十一次会议通过　2006 年 9 月 28 日广东省第十届人民代表大会
常务委员会第二十七次会议第一次修订　2016 年 2 月 26 日广东
省第十二届人民代表大会常务委员会第二十四次会议第二次修订
2024 年 3 月 29 日广东省第十四届人民代表大会常务委员会第九
次会议第三次修订)

第一章　总　　则

第一条　为了规范和促进法律援助工作,保障公民和有关当事人的
合法权益,保障法律正确实施,维护社会公平正义,根据《中华人民
共和国法律援助法》和有关法律、行政法规,结合本省实际,制定本
条例。

第二条　法律援助工作坚持中国共产党领导,坚持以人民为中心,
尊重和保障人权,遵循公开、公平、公正的原则,实行国家保障与社会
参与相结合。

第三条　县级以上人民政府应当将法律援助工作纳入国民经济和社
会发展规划、基本公共服务体系,健全法律援助保障体系,将法律援助
所需经费列入本级政府预算并建立动态调整机制,保障法律援助事业与

经济社会协调发展。

省、地级以上市人民政府可以对困难地区给予补助，促进法律援助均衡发展。

第四条 县级以上人民政府司法行政部门指导、监督本行政区域的法律援助工作。

县级以上人民政府其他有关部门依照各自职责，为法律援助工作提供支持和保障。

乡镇人民政府、街道办事处应当协同做好法律援助工作。

第五条 人民法院、人民检察院、公安机关应当在各自职责范围内保障当事人依法获得法律援助，为法律援助人员开展工作提供便利。

第六条 县级以上人民政府司法行政部门应当设立法律援助机构。法律援助机构负责组织实施法律援助工作，受理、审查法律援助申请，指派或者安排律师、基层法律服务工作者、法律援助志愿者等法律援助人员提供法律援助，支付法律援助补贴。

第七条 律师协会应当指导和支持律师事务所、律师参与法律援助工作，按照规定将履行法律援助义务的情况纳入年度考核内容，督促律师遵守职业道德和执业纪律，配合司法行政部门加强法律援助宣传、人员培训和服务质量管理。

第八条 鼓励和支持群团组织、事业单位、社会组织在司法行政部门指导下，利用自身资源依法提供法律援助。支持符合条件的志愿者参与法律援助工作。

鼓励和支持企业事业单位、社会组织和个人等社会力量，依法通过捐赠等方式为法律援助事业提供支持；对符合条件的，依法给予税收优惠。

第九条 法律援助机构和法律援助人员应当依法履行职责，遵守服务规范，及时为受援人提供符合标准的法律援助服务，确保法律援助质量。

省人民政府司法行政部门应当建立健全法律援助质量标准和质量评

估体系。

第十条 司法行政部门应当加强法律援助宣传教育，普及法律援助知识。

广播、电视、报刊、互联网等媒体应当开展法律援助公益宣传，并加强舆论监督。

第十一条 县级以上人民政府对在法律援助工作中做出突出贡献的组织和个人，按照有关规定给予表彰、奖励。

第二章　形式与范围

第十二条 法律援助机构可以组织法律援助人员依法提供下列形式的法律援助服务：

（一）法律咨询；

（二）代拟法律文书；

（三）刑事辩护与代理；

（四）民事案件、行政案件、国家赔偿案件的诉讼代理及非诉讼代理；

（五）值班律师法律帮助；

（六）劳动争议调解与仲裁代理；

（七）法律、法规、规章规定的其他形式。

第十三条 经济困难公民、符合法定条件的其他当事人在遇有法律问题或者因合法权益受到侵害主张相关权利时没有委托代理人的，可以向法律援助机构申请法律援助。

刑事案件的犯罪嫌疑人、被告人因经济困难或者其他原因没有委托辩护人的，本人及其近亲属可以向法律援助机构申请法律援助。

第十四条 刑事案件的犯罪嫌疑人、被告人属于下列人员之一，没有委托辩护人的，人民法院、人民检察院、公安机关应当通知法律援助机构指派律师担任辩护人：

（一）未成年人；

（二）视力、听力、言语残疾人；

（三）不能完全辨认自己行为的成年人；

（四）可能被判处无期徒刑、死刑的人；

（五）高级人民法院死刑复核案件的被告人；

（六）缺席审判案件的被告人；

（七）法律法规规定的其他人员。

其他刑事案件中通知法律援助机构指派律师担任辩护人的，按照国家和省的规定执行。

第十五条 符合本条例第十四条第一款规定情形的犯罪嫌疑人、被告人拒绝法律援助机构指派的律师为其辩护的，人民法院、人民检察院、公安机关应当查明拒绝的原因，有正当理由的，应当准许，将犯罪嫌疑人、被告人拒绝辩护的情况书面告知法律援助机构，同时告知犯罪嫌疑人、被告人需另行委托辩护人。犯罪嫌疑人、被告人未另行委托辩护人的，人民法院、人民检察院、公安机关应当依法通知法律援助机构另行指派律师为其提供辩护。

第十六条 人民法院审理强制医疗案件，被申请人或者被告人没有委托诉讼代理人的，应当通知法律援助机构指派律师为其提供法律援助。

第十七条 法律援助机构根据需要在人民法院、人民检察院、看守所等办案机关、监管场所派驻值班律师，依法为没有辩护人的犯罪嫌疑人、被告人提供法律咨询、程序选择建议、申请变更强制措施、对案件处理提出意见等法律帮助，相关单位应当给予协助。

犯罪嫌疑人、被告人认罪认罚的，值班律师还应当提供以下法律帮助：

（一）向犯罪嫌疑人、被告人释明认罪认罚的性质和法律规定；

（二）对人民检察院指控罪名、量刑建议、诉讼程序适用等事项提出意见；

（三）犯罪嫌疑人签署认罪认罚具结书时在场。

第十八条 人民法院、人民检察院、公安机关应当告知没有辩护人的犯罪嫌疑人、被告人有权约见值班律师获得法律帮助，并依法为值班律师了解案件有关情况、阅卷、会见等提供便利。

看守所应当告知犯罪嫌疑人、被告人有权约见值班律师，并为其约见值班律师提供便利。

第十九条 省人民政府应当根据本省经济发展状况和法律援助工作需要制定法律援助经济困难标准，并实行动态调整。

地级以上市人民政府为扩大受援人范围，可以根据本行政区域的实际情况调整法律援助经济困难标准。

法律援助经济困难标准应当向社会公布。

第三章　申请与受理

第二十条 经济困难公民、符合法定条件的其他当事人申请法律援助，由本人或者代理人到法律援助机构当面递交法律援助申请，也可以采用邮寄申请、网络申请等方式。

对依申请提供法律援助的刑事案件，由申请人向人民法院、人民检察院、公安机关所在地的同级司法行政部门所属法律援助机构提出申请。

对劳动争议案件及其他民事法律援助案件、行政法律援助案件、国家赔偿案件，由申请人向有管辖权的劳动人事争议仲裁机构、复议机关、人民法院、赔偿义务机关所在地的同级司法行政部门所属法律援助机构提出申请。

对申请其他法律事务的，由申请人向争议处理机关所在地、义务机关所在地、义务人住所地、被请求人住所地或者事由发生地的法律援助机构提出申请。

行动不便的残疾人，高龄、失能或者部分失能等行动不便的老年人，申请的法律援助事项属于本省审理或者处理的，可以向距离最近的法律援助机构提出申请。法律援助机构对不属于本机构受理范围的，应当及时转交有受理权的法律援助机构。

第二十一条　申请代理、辩护或者代拟法律文书的法律援助，申请人应当如实提交下列申请材料：

（一）法律援助申请表；

（二）居民身份证或者其他有效的身份证明，代理申请人还应当提交有代理权的证明；

（三）经济困难说明材料，或者依法不受经济困难条件限制的证明材料；

（四）与所申请法律援助事项有关的其他材料。

申请人提交的申请材料不齐全的，法律援助机构应当一次性告知申请人需要补充的材料或者要求申请人作出说明。申请人未按要求补充材料或者作出说明的，视为撤回申请。

第二十二条　法律援助申请人有材料证明属于下列人员之一的，免予核查经济困难状况：

（一）无固定生活来源的未成年人、老年人等特定群体；

（二）社会救助、司法救助或者优抚对象；

（三）申请支付劳动报酬或者请求工伤事故人身损害赔偿的进城务工人员；

（四）困难残疾人家庭、一户多残、重度残疾或者无固定生活来源的残疾人；

（五）因经济困难申请并获得法律援助之日起，一年内再次申请法律援助的人员；

（六）刑满释放、解除强制隔离戒毒后无固定生活来源的人员；

（七）法律、法规、规章规定的其他人员。

第二十三条　法律援助申请人有材料证明符合下列情形之一的，不受经济困难条件的限制：

（一）英雄烈士近亲属为维护英雄烈士的人格权益；

（二）因见义勇为行为主张相关民事权益；

（三）再审改判无罪请求国家赔偿；

（四）遭受虐待、遗弃或者家庭暴力的受害人以及刑事案件的未成年被害人主张相关权益；

（五）服刑人员就人民法院决定再审或者重新审判的申诉案件申请法律援助；

（六）追索赡养费、抚养费、扶养费；

（七）属于计划生育家庭特别扶助制度扶助对象；

（八）法律、法规、规章规定的其他情形。

第二十四条　无民事行为能力人或者限制民事行为能力人需要法律援助的，可以由其法定代理人依法代为申请。法定代理人侵犯无民事行为能力人、限制民事行为能力人合法权益的，其他法定代理人或者近亲属可以代为提出法律援助申请。没有法定代理人的，可以由申请人所在地的村民委员会、居民委员会、民政部门或者法律法规规定的单位或者人员代为申请。

第二十五条　被羁押的犯罪嫌疑人、被告人、服刑人员，以及强制隔离戒毒人员，可以通过办案机关或者监管场所提出法律援助申请，也可以由其法定代理人或者近亲属代为提出。

相关单位应当在收到法律援助申请后二十四小时内，将申请转交有受理权的法律援助机构，并于三日内通知申请人的法定代理人、近亲属或者委托代理人协助向法律援助机构提供有关证件、证明等材料。

犯罪嫌疑人、被告人、服刑人员、强制隔离戒毒人员没有法定代理人、近亲属，或者其法定代理人、近亲属无法通知的，相关单位应当在转交法律援助申请材料时一并告知有受理权的法律援助机构。

第二十六条　人民法院、人民检察院、公安机关通知辩护的刑事法律援助案件，由人民法院、人民检察院、公安机关所在地的同级司法行政部门所属法律援助机构统一组织办理。

值班律师法律帮助案件，由人民法院、人民检察院、公安机关所在地的同级司法行政部门所属法律援助机构统一组织办理，也可以由被羁押的犯罪嫌疑人、被告人监管场所所在地的法律援助机构组织办理。

人民法院通知代理的强制医疗案件，由人民法院所在地的同级司法行政部门所属法律援助机构统一组织办理。

第二十七条　两个以上法律援助机构都有权受理的法律援助事项，申请人可以向其中一个法律援助机构申请。

申请人就同一事项向两个以上有权受理的法律援助机构提出申请的，由最先收到申请的法律援助机构受理。

法律援助机构之间发生受理争议时，由发生受理争议的法律援助机构的共同上一级司法行政部门协调解决。

县级人民政府司法行政部门所属法律援助机构受理的案件量过大、超过其办理能力的，可以报请地级以上市人民政府司法行政部门按照就近、便利的原则协调其他法律援助机构办理。

第二十八条　法律援助机构受理法律援助申请，应当进行登记，接收申请材料，出具接收凭证。

第四章　审查与实施

第二十九条　法律援助机构应当自收到法律援助申请材料之日起七日内进行审查。对免予核查经济困难状况和不受经济困难条件限制的法律援助申请，法律援助机构应当自收到申请材料之日起五日内进行审查。

申请人提供补充材料、作出说明和法律援助机构请求异地法律援助机构协作核查的时间，不计入审查决定期限。

第三十条　法律援助机构应当根据下列条件，对法律援助申请进行审查：

（一）申请人系公民或者符合法定条件的其他当事人且没有委托代

理人或者辩护人；

（二）因维护自身合法权益需要法律援助；

（三）本机构对于申请事项有管辖权；

（四）符合本省的法律援助经济困难标准，或者申请事项依法不受经济困难条件限制。

第三十一条　法律援助机构核查申请人的经济困难状况，可以通过在线核查、现场核查、协助核查等方式调查核实，或者由申请人进行个人诚信承诺。

法律援助机构开展核查工作，公安、民政、人力资源社会保障、政务服务数据管理等有关部门、单位、村民委员会、居民委员会和个人应当予以协助和配合。

第三十二条　法律援助机构审查后认定符合法律援助条件的，应当作出给予法律援助决定并书面通知申请人。

法律援助机构审查后认定不符合法律援助条件的，应当作出不予法律援助决定并书面通知申请人。不予法律援助决定书应当载明不予法律援助的理由及申请人提出异议的期限、途径和方式。

第三十三条　申请人申请法律咨询的，法律援助机构应当即时办理，无须审查和作出法律援助决定。

第三十四条　法律援助机构可以根据不同申请事项确定提供法律援助的形式。案情简单、诉讼标的小的，法律援助机构可以提供法律咨询、代拟法律文书形式的法律援助，也可以指导当事人自行诉讼。

第三十五条　负责审查法律援助申请的法律援助机构工作人员有下列情形之一的，应当回避：

（一）是法律援助事项的申请人、相对人或者申请人、相对人的近亲属；

（二）本人或者其近亲属与申请法律援助事项有直接利害关系。

第三十六条　法律援助机构应当自作出给予法律援助决定之日起三日内指派法律援助人员，并将确定的法律援助人员姓名、联系方式告知受援人。

人民法院、人民检察院、公安机关通知法律援助机构指派律师的，法律援助机构应当自收到通知之日起三日内指派律师并通知相关机关。

对于可能被判处无期徒刑、死刑的人，以及死刑复核案件的被告人，法律援助机构应当指派具有三年以上刑事辩护执业经历的律师担任辩护人。

对于刑事案件的未成年犯罪嫌疑人、被告人及其他未成年受援人，法律援助机构应当指派熟悉未成年人身心特点的律师担任辩护人或者代理人。

第三十七条 有下列情形之一的，法律援助机构可以决定先行提供法律援助：

（一）距法定时效或者期限届满不足七日，需要及时提起诉讼或者申请仲裁、行政复议；

（二）需要立即申请财产保全、证据保全、行为保全或者先予执行；

（三）法律、法规、规章规定的其他紧急或者特殊情形。

受援人应当在法律援助机构确定的期限内补交规定的申请材料。受援人没有在规定的期限内补交申请材料，或者法律援助机构审查认为受援人不符合法律援助条件的，应当终止法律援助。

第三十八条 法律援助人员有下列情形之一的，法律援助机构应当另行指派法律援助人员：

（一）与承办的法律援助事项有利害关系；

（二）依法丧失辩护人或者代理人资格；

（三）因承办法律援助事项过程中的违法违规行为被处罚或者处分；

（四）因疾病、出国留学、长期外出等特殊原因，无法继续承办法律援助事项；

（五）有本条例第四十四条规定的行为之一，法律援助机构决定更换法律援助人员；

（六）其他有必要另行指派法律援助人员的情形。

第三十九条 有下列情形之一的，法律援助机构应当决定终止法律援助：

（一）受援人以欺骗或者其他不正当手段获得法律援助；

（二）受援人故意隐瞒与案件有关的重要事实或者提供虚假证据、材料；

（三）受援人利用法律援助从事违法活动；

（四）受援人的经济状况发生变化，不再符合法律援助条件；

（五）案件依法终止审理或者被撤销；

（六）受援人自行委托其他代理人或者辩护人；

（七）受援人有正当理由要求终止法律援助；

（八）依申请提供法律援助的案件，受援人拒绝法律援助机构指派的法律援助人员为其辩护或者代理；

（九）受援人拒不签署应当由其本人签字的法律文书和有关材料，导致法律援助事项无法办理，但受援人属于本条例第十四条第一款规定情形的除外；

（十）受援人失去联系或者死亡，无法继续为其提供法律援助；

（十一）法律法规规定应当终止的其他情形。

法律援助机构决定终止法律援助的，除前款第十项规定的情形外，应当将终止法律援助决定书送达受援人。

第四十条 申请人、受援人对法律援助机构不予法律援助、终止法律援助决定有异议的，可以自收到决定之日起十五日内向设立该法律援助机构的司法行政部门提出。

司法行政部门应当自收到异议之日起五日内进行审查，作出维持法律援助机构决定或者责令法律援助机构改正的决定。

申请人、受援人对司法行政部门维持法律援助机构决定不服的，可以依法申请行政复议或者提起行政诉讼。

第四十一条　法律援助人员在办结法律援助事项后，应当自结案之日起三十日内向法律援助机构提交符合规定的结案归档文件材料。

法律援助机构应当自收到法律援助人员提交的结案归档文件材料之日起三十日内，依照有关规定向法律援助人员支付法律援助补贴。经法律援助机构负责人批准，法律援助机构也可以根据办案需要于结案前先予支付法律援助补贴。

第五章　保障与监督

第四十二条　省人民政府司法行政部门会同同级财政部门，根据本省经济发展水平和法律援助的服务类型、承办成本、基本劳务费用等因素制定法律援助补贴标准，并实行动态调整。

地级以上市、县级人民政府有关部门可以根据本地经济发展水平，在省制定的补贴标准的基础上适当提高。

第四十三条　受援人在接受法律援助过程中，有权向法律援助机构和法律援助人员了解法律援助事项办理情况。

法律援助机构和法律援助人员应当及时向受援人通报法律援助事项办理情况。

第四十四条　法律援助人员在法律援助过程中未依法履行职责，有下列情形之一的，受援人可以申请法律援助机构更换法律援助人员：

（一）拖延办理法律援助事项；

（二）擅自终止或者转交他人办理法律援助事项；

（三）泄露在办理法律援助事项中知悉的国家秘密、商业秘密和当事人的隐私；

（四）向受援人收取财物或者谋取其他不正当利益；

（五）指使、煽动、教唆、诱导受援人采取非法手段解决争议和纠纷；

（六）与他人恶意串通侵害受援人合法权益；

（七）法律、法规、规章规定的其他未依法履行职责的行为。

法律援助机构应当自受理申请之日起五日内决定是否更换法律援助人员，并告知受援人。

第四十五条 司法行政部门应当建立健全法律援助工作投诉查处制度，向社会公布投诉举报的方式和渠道，接到投诉后，应当依照有关规定受理和调查处理，并及时向投诉人告知处理结果。

第四十六条 人民法院应当根据情况对受援人缓收、减收或者免收诉讼费用；对法律援助人员复制相关材料等费用予以免收或者减收。

受援人凭法律援助机构提供的有效文件申请办理公证、司法鉴定的，公证机构、司法鉴定机构受理后应当减收或者免收公证费用、司法鉴定费用。

受援人凭法律援助机构提供的有效文件申请勘验、评估、审计的，司法机关、行政机关和相关机构依照规定缓收、减收或者免收勘验费、评估费、审计费。

第四十七条 受援人应当协助、配合法律援助机构和法律援助人员的工作，不得有下列行为：

（一）以欺骗、虚假诚信承诺或者其他不正当手段获得法律援助；

（二）故意隐瞒与案件有关的重要事实或者提供虚假证据、材料；

（三）利用法律援助从事违法活动；

（四）无正当理由要求更换法律援助人员；

（五）要求法律援助人员提出没有事实和法律依据的请求；

（六）干扰、妨碍法律援助人员办理法律援助事项或者威胁法律援助人员；

（七）其他不配合法律援助机构和法律援助人员的行为。

第四十八条 律师、律师事务所应当依法履行法律援助义务。本地律师资源不足，无法满足法律援助需求的，由上一级司法行政部门组织协调。

基层法律服务工作者、基层法律服务所应当承担与其工作范围相适应的法律援助义务。

律师、基层法律服务工作者，律师事务所、基层法律服务所无正当理由不得拒绝承办本行政区域法律援助机构指派的法律援助事项。

第四十九条 法律援助人员在办理法律援助事项过程中，可以请求法律援助机构出具必要的证明材料或者与有关机关、单位进行协调，法律援助机构应当在职责范围内予以协助。

法律援助人员办理法律援助事项需要翻译、专家服务的，可以申请法律援助机构协助解决。

第五十条 法律援助人员应当按照法律援助机构要求报告法律援助事项办理情况。

法律援助事项有下列情形之一的，法律援助人员应当及时向法律援助机构报告：

（一）刑事法律援助案件的受援人拒绝其辩护或者代理；

（二）有依法应当终止法律援助的情形；

（三）主要证据认定、适用法律等方面存在重大疑义；

（四）发现与本案存在利害关系或者因客观原因无法继续承办案件；

（五）涉及群体性事件；

（六）有重大社会影响；

（七）其他复杂、疑难情形。

第五十一条 法律援助机构应当建立健全法律援助便民服务窗口，安排法律专业人员免费提供法律咨询服务。

法律援助机构应当在乡镇、街道、村、社区及法律援助需求集中的地区或者单位建立法律援助工作站点，在偏远地区和困难群众集中的地区设立流动工作站巡回受理法律援助申请。

第五十二条 司法行政部门、法律援助机构应当建立法律援助信息公开制度，定期向社会公布法律援助资金使用、案件办理、质量考核结果等情况，接受社会监督。

第五十三条　法律援助机构应当综合运用质量评估、庭审旁听、案卷检查、征询办案机关和回访受援人等方式，加强法律援助质量管理。

第五十四条　人民法院、人民检察院、公安机关、行政复议机关、劳动人事争议仲裁机构和有关部门工作人员在办理案件或者相关事务过程中，应当及时告知当事人如果符合法律援助条件，有权申请法律援助。

第五十五条　县级以上人民政府公安、民政、人力资源社会保障、自然资源、住房城乡建设、市场监管、税务、政务服务数据管理等有关单位应当加强与法律援助机构的协调配合和相关信息数据共享。

第五十六条　司法行政部门应当建立法律援助信用信息记录、归集、推送工作机制，依照国家有关规定建立法律援助申请人诚信档案和虚假承诺失信名单，并共享至同级信用信息平台。

第六章　法律责任

第五十七条　国家机关及其工作人员、法律援助机构及其工作人员，律师事务所、基层法律服务所、律师、基层法律服务工作者在法律援助工作中违反规定的，依照有关法律、法规、规章承担相应的法律责任。

第五十八条　受援人以欺骗或者其他不正当手段获得法律援助的，由司法行政部门责令其支付已实施法律援助的费用，并处一千元以下罚款；情节严重的，并处一千元以上三千元以下罚款。

受援人同时符合纳入虚假承诺失信名单情形的，司法行政部门应当共享至同级信用信息平台。

第五十九条　冒用法律援助名义提供法律服务并谋取利益的，由司法行政部门责令改正，没收违法所得。情节较轻的，并处违法所得一倍罚款；情节较重的，并处违法所得两倍罚款；情节严重的，并处违法所得三倍罚款。

第六十条　法律援助机构未按照办理法律援助事项补贴标准向法律援助人员支付补贴的，由司法行政部门责令改正；情节严重的，对直接负责的主管人员和其他直接责任人员依法给予处分。

第七章　附　　则

第六十一条　本条例所称法律援助人员，是指接受法律援助机构指派或者安排，依法为经济困难公民和符合法定条件的其他当事人提供法律援助服务的律师、基层法律服务工作者、法律援助志愿者以及法律援助机构中具有律师资格或者法律职业资格的工作人员。

第六十二条　军人军属申请法律援助，按照国家有关规定执行。

第六十三条　本条例自 2024 年 5 月 1 日起施行。

解读《广东省法律援助条例》

广东省人民代表大会常务委员会相关负责人

法律援助是国家建立的为经济困难公民和符合法定条件的其他当事人无偿提供法律咨询、代理、刑事辩护等法律服务的制度，是公共法律服务体系的组成部分。法律援助作为维护社会公平正义的重要法律制度，是扶贫济弱的民生工程，做好法律援助工作，有利于贯彻公民在法律面前一律平等的宪法原则，使公民不论经济条件好坏，社会地位高低都能获得及时的、必要的法律服务。

作为全国首个省级法律援助地方性法规，《广东省法律援助条例》（以下简称《条例》）自 1999 年实施至今，历经 2006 年、2016 年两次修订，为规范和促进我省法律援助事业发展发挥了重要作用。随着我国经济社会的不断发展，人民群众在民主、法治、公平、正义等方面的需求日益增长，党和国家对法律援助工作也提出了新的要求。党的十八届三中、四中全会明确提出，完善法律援助制度，扩大援助范围。《中共中央办公厅、国务院办公厅关于完善法律援助制度的意见》和《中共广东省委办公厅、广东省人民政府办公厅关于完善法律援助制度的实施意见》也提出了推进法律援助立法工作、提高法治化水平、提高法律援助质量等要求。2022年1月1日，《法律援助法》开始施行，适当扩大了法律援助范围，规定了法律援助的程序，明确了法律援助的保障措施。在这种背景下，《条例》部分条款与上位法、国家和省的相关要求不相适应，已经滞后于法律援助工作高质量发展需要。

这次《条例》修订由省司法厅起草，2023年11月省政府将《条例》修订草案提交省人大常委会审议，于2024年3月29日经省十四届人大常委会第九次会议审议通过，将于2024年5月1日实施。省人大常委会深入贯彻落实上位法和党中央、国务院决策部署以及省委有关要求，在法律援助法规定的基础上，坚持立足我省实际，适应经济社会发展，兼顾区域差异，始终把维护人民群众合法权益作为出发点和落脚点，总结和固化近年来我省法律援助工作的经验成果，对《条例》进行全面修订，为困难群众获得均等普惠、便捷高效的法律援助服务提供有力的法治保障。修订后的《条例》直面我省法律援助工作新问题、新挑战，进一步加大法律援助力度，完善法律援助实施程序、保障监督和法律责任，对推动构建我省法律援助工作高质量发展的新格局，保障公民和有关当事人的合法权益，维护社会公平正义具有重大意义。

降低法律援助门槛，优化便民服务制度

在实施和完善法律援助制度的基础上，必须着眼于保护人民的合法权益，服务于人民的法律援助需求。这次修订在《法律援助法》和原《条例》规定的基础上，从加强对困难群众保护的角度出发，不断加大法律援助的力度，进一步推动以人民为中心的法治理念贯彻落实，使法

律援助惠及更多贫弱群体。

一是扩大法律援助范围。为适当扩大法律援助覆盖面，《条例》第二十二条、第二十三条结合我省实际情况作了修改，包括放宽残疾人免予核查经济困难状况的条件，从"重度残疾且无固定生活来源"修改为"重度残疾或者无固定生活来源的残疾人"；增加申请法律援助不受经济困难条件限制的情形，将"刑事案件的未成年被害人主张相关权益"和"属于计划生育家庭特别扶助制度扶助对象"列入不受经济困难条件限制的情形，将"追索赡养费、抚养费、扶养费"的情形从免予核查经济困难状况进一步放宽为不受经济困难条件限制等，力求能让更多需要法律援助的人享受法律援助服务。

二是便捷法律援助申请。为方便群众申请法律援助，《条例》第二十条增加了申请法律援助的方式，规定经济困难公民、符合法定条件的其他当事人申请法律援助，可以到法律援助机构当面递交法律援助申请，也可以采用邮寄申请、网络申请等方式；第五十一条明确了建立法律援助工作站点，规定法律援助机构应当建立健全法律援助便民服务窗口，在乡镇、街道、村、社区及法律援助需求集中的地区或者单位建立法律援助工作站点，在偏远地区和困难群众集中的地区设立流动工作站巡回受理法律援助申请。为进一步便利特殊群体申请法律援助，《条例》第二十条规定行动不便的残疾人，高龄、失能或者部分失能等行动不便的老年人，申请的法律援助事项属于本省审理或者处理的，可以向距离最近的法律援助机构提出申请。

三是先行提供法律援助。《条例》第三十七条规定，对于距法定时效或者期限届满不足七日、需要立即申请财产保全、证据保全、行为保全或者先予执行等特殊情况，法律援助机构可以决定先行提供法律援助，事后由受援人在法律援助机构确定的期限内补交规定的申请材料。

完善法律援助程序，持续提升服务效率

为更好解决人民群众的法律援助需求，法律援助工作在申请提出、

案件管辖、审查决定、服务救济等方面有必要更加合理化、规范化。这次修订在原《条例》规定的基础上，结合我省实际，积极推动加以理顺，将规范高效贯穿到法律援助的各环节全流程。

一是完善法律援助的管辖原则。为快速便捷处理管辖权争议，《条例》第二十七条规定法律援助机构之间发生受理争议时，由其共同上一级司法行政部门协调解决；同时为解决部分地方法律援助案件量过大问题，增加了法律援助机构受理的案件量过大、超过其办理能力的，可以报请地级以上市人民政府司法行政部门按照就近、便利的原则协调其他法律援助机构办理的规定。

二是明确法律援助申请的审查标准。为实现应援尽援，《条例》第三十条规定，法律援助机构应当根据下列条件，对法律援助申请进行审查，包括申请人系公民或者符合法定条件的其他当事人且没有委托代理人或者辩护人；因维护自身合法权益需要法律援助；本机构对于申请事项有管辖权；符合本省的法律援助经济困难标准，或者申请事项依法不受经济困难条件限制等。

三是明确异议审查的提出时间。《条例》第四十条规定申请人、受援人对法律援助机构不予法律援助、终止法律援助决定有异议的，可以自收到决定之日起十五日内向设立该法律援助机构的司法行政部门提出。司法行政部门应当自收到异议之日起五日内进行审查，作出维持法律援助机构决定或者责令法律援助机构改正的决定。

提升法律援助办案质量，强化法律援助信息公开

法律援助是政府责任，政府有责任对法律援助服务质量进行监督管理。这次修订着眼于加强法律援助质量管理，进一步完善制度规定，对于促进法律援助服务质量的提高、维护法律援助公信力、提高受援群众法治领域获得感具有重要意义。

一是明确法律援助质量监管制度。《条例》第五十三条规定法律援助机构应当综合运用质量评估、庭审旁听、案卷检查、征询办案机关和

回访受援人等方式，加强法律援助质量管理。第四十四条完善了更换法律援助人员制度，规定法律援助人员在法律援助过程中未依法履行职责，有拖延办理法律援助事项等七种情形的，受援人可以申请法律援助机构更换法律援助人员。第四十五条明确了投诉查处制度，规定司法行政部门应当建立健全法律援助工作投诉查处制度，向社会公布投诉举报的方式和渠道，并及时向投诉人告知处理结果。

二是提高未成年人案件的办理质量。《条例》第三十六条明确规定对刑事案件除未成年犯罪嫌疑人、被告人以外的其他未成年受援人，法律援助机构也应当指派熟悉未成年人身心特点的律师担任辩护人或代理人。

三是建立法律援助信息公开制度。《条例》第五十二条规定司法行政部门、法律援助机构应当建立法律援助信息公开制度，定期向社会公布法律援助资金使用、案件办理、质量考核结果等情况，接受社会监督。

固化司法改革成果，完善法律援助制度

近年来我省相继开展了刑事案件律师辩护全覆盖、值班律师法律帮助、法律援助证明事项告知承诺制等司法改革工作，取得了良好的社会效果。这次修订及时对司法改革经验成果予以总结和固化，通过完善相关法律援助制度，充分保障犯罪嫌疑人、被告人依法享有的诉讼权利，最大限度便民利民，让每一名法律援助申请人、受援人都能感受到公平正义。

一是衔接刑事案件律师辩护全覆盖改革试点要求。《条例》第十四条明确了办案机关通知法律援助机构指派律师担任辩护人辩护的范围情形，规定七类刑事案件的犯罪嫌疑人、被告人没有委托辩护人的，人民法院、人民检察院、公安机关应当通知法律援助机构指派律师担任辩护人，并规定其他刑事案件中通知法律援助机构指派律师担任辩护人的，按照国家和省的规定执行。

二是建立值班律师法律帮助制度。《条例》第十七条规定了法律援助机构根据需要在人民法院、人民检察院、看守所等办案机关、监管场所派驻值班律师，明确了值班律师的具体职责，并细化了值班律师在认罪认罚案件中提供法律帮助内容。第十八条规定了办案机关和监管场所告知没有辩护人的犯罪嫌疑人、被告人有权约见值班律师并提供便利的义务。第五十四条还规定了人民法院、人民检察院、公安机关、行政复议机关、劳动人事争议仲裁机构和有关部门工作人员在办理案件或者相关事务过程中，应当及时告知当事人如果符合法律援助条件，有权申请法律援助的义务。

三是优化经济困难状况核查的方式。《条例》第三十一条规定了法律援助机构核查申请人的经济困难状况，可以通过在线核查、现场核查、协助核查等方式调查核实，有关部门、单位及社会组织、村（居）委会和个人应当协助和配合的义务，并明确"也可以由申请人进行个人诚信承诺"。

明确政府职责，鼓励社会参与

法律援助由国家承担主体责任，采取政府司法行政部门主导、有关部门和单位配合、社会力量参与的体制机制。这次修订在落实法律援助法"法律援助服务是公共法律服务""实行国家保障与社会参与相结合"等定位的基础上，直面我省区域发展不均衡和法律援助实践中经费保障方面的问题，进一步压实各方责任，提高法律援助工作的责任意识。

一是明确县级以上人民政府的职责。《条例》第三条规定县级以上人民政府应当将法律援助工作纳入国民经济和社会发展规划、基本公共服务体系，健全法律援助保障体系，将法律援助所需经费列入本级政府预算并建立动态调整机制，保障法律援助事业与经济社会协调发展。并规定省、地级以上市人民政府可以对困难地区给予补助，促进法律援助均衡发展，扶持我省东西两翼、北部生态发展区以及珠三角核心区财力相对薄弱市县开展法律援助，促进法律援助事业均衡发展。

二是明确司法行政部门和政府其他有关部门、办案机关、法律援助机构相应的法律援助职责。《条例》第四条规定县级以上人民政府司法行政部门指导、监督本行政区域的法律援助工作。县级以上人民政府其他有关部门依照各自职责，为法律援助工作提供支持和保障，并规定乡镇人民政府、街道办事处应当协同做好法律援助工作。同时，第五条规定人民法院、人民检察院、公安机关应当在各自职责范围内保障当事人依法获得法律援助，为法律援助人员开展工作提供便利。第六条规定法律援助机构负责组织实施法律援助工作，指派或者安排法律援助人员提供法律援助等职责。

三是细化律师协会的职责。《条例》第七条明确律师协会应当按照规定将履行法律援助义务的情况纳入年度考核内容，督促律师遵守职业道德和执业纪律，配合司法行政部门加强法律援助宣传、人员培训和服务质量管理。

四是鼓励社会力量的参与。《条例》第八条规定鼓励和支持群团组织、事业单位、社会组织在司法行政部门指导下，利用自身资源依法提供法律援助，支持符合条件的志愿者参与法律援助工作。并规定鼓励和支持企业事业单位、社会组织和个人等社会力量，依法通过捐赠等方式为法律援助事业提供支持；对符合条件的，依法给予税收优惠，有利于缓解政府法律援助经费保障不足的问题。第十条还规定广播、电视、报刊、互联网等媒体应当开展法律援助公益宣传，并加强舆论监督等。

（来源：广东人大网）

指导案例、典型案例与解读

最高人民检察院

关于印发《检察机关依法维护劳动者合法权益典型案例》的通知

（2024 年 4 月 28 日）

各省、自治区、直辖市人民检察院，解放军军事检察院，新疆生产建设兵团人民检察院：

为深入贯彻习近平法治思想，深化"检护民生"专项行动，高质效办好每一个涉保障劳动者权益案件，进一步加强依法惩治恶意欠薪、对困难劳动者依法支持起诉、开展检察公益诉讼和新就业形态劳动者权益保障等工作，努力实现好、维护好、发展好劳动者合法权益，持续做实人民群众可感受、能体验、得实惠的检察为民，最高人民检察院组织选编了"谢某实拒不支付劳动报酬案"等案例作为《检察机关依法维护劳动者合法权益典型案例》，作为"检护民生"专项行动系列典型案例之一。现印发你们，供各地参考借鉴。

案例一

谢某实拒不支付劳动报酬案

【关键词】

拒不支付劳动报酬　代为清偿　行刑衔接

【基本案情】

2021 年 5 月，谢某实从某建筑劳务公司处承包安徽省临泉县某工地的建筑安装工程，后谢某实组织农民工施工，该项目完工以后，部分农民工工资未发放。2023 年 1 月 19 日，谢某实与劳务公司决算确定工程款为 245 万余元，劳务公司已全部支付完毕，谢某实书面承诺将拖欠的农民工工资全部发放。2023 年 2 月，经临泉县人社局核实，谢某实共拖欠 23 名农民工工资共计 45 万余元。该局向谢某实下达了《劳动保障监察限期整改指令书》，责令谢某实足额支付拖欠的农民工工资。谢某实未在指定期限内支付，且存在逃匿情形。

2023 年 3 月 28 日，谢某实被公安机关抓获，经临泉县人民检察院批准被执行逮捕。2023 年 7 月 13 日，临泉县人民检察院对谢某实拒不支付劳动报酬一案提起公诉，建议判处有期徒刑 1 年 3 个月，并处罚金 1 万元。临泉县人民法院采纳检察机关量刑建议，谢某实未提出上诉。

【检察机关履职过程】

1. 行刑衔接，引导侦查。检察机关依托"两法衔接"机制，经与人社部门沟通，发现谢某实欠薪数额较大、涉及劳动者人数众多、存在逃匿情形，已涉嫌犯罪。检察机关建议人社局将案件线索移送临泉县公安局，并提前介入，引导公安机关搜集、固定、完善相关证据，从源头把好案件质量关。

2. 能动履职，促成代偿。为充分保障劳动者权益，化解社会矛盾，检察机关联合人社部门与总承包方劳务公司开展协商，告知分包单位拖欠农民工工资的，可由总承包单位先行代偿，再向分包单位进行追偿。劳务公司于 2023 年 5 月垫付全部欠薪，由劳动部门及时发放。检察机关对欠薪发放情况进行监督，并对劳动者进行回访，确保劳动者权益保障落到实处。

3. 宽严相济，当严则严。谢某实以逃匿方式逃避支付劳动报酬，经政府有关部门责令仍不支付，情节较为恶劣，考虑到其自愿认罪认罚，检察机关提出有期徒刑 1 年 3 个月、并处罚金的量刑建议，量刑建议被法院判决采纳。

【典型意义】

高质效办理好依法惩治恶意欠薪案件，要求检察机关在依法惩治恶意欠薪犯罪的同时，还要将更多的精力放在追缴欠薪、追赃挽损工作中，切实帮助农民工追回被拖欠的工资，把检护民生的要求落到实处，实现案件办理"三个效果"的统一。实践中建筑工程领域违法分包给个人包工头的现象多发，为切实保护农民工合法权益，相关规定明确指出由工程总承包企业承担清偿被拖欠的农民工的工资责任。本案中，检察机关将依法维护劳动者合法权益作为首要任务，积极促成总承包方垫付全部欠薪，优先保障被拖欠的农民工工资的发放，保障民生民利、维护社会和谐稳定。同时依法履行批捕起诉职责，本案中劳务公司已将全部工程款向谢某实支付完毕，谢某实经临泉县人社局责令支付后仍不支付且存在逃匿情形，检察机关依法以拒不支付劳动报酬罪追究其刑事责任，有效发挥刑罚的惩治和震慑作用。

案例二

厉某拒不支付劳动报酬案

【关键词】

行刑衔接　宽严相济　司法救助　诉源治理

【基本案情】

厉某等人共同设立上海某餐饮管理有限公司（以下简称某餐饮公司），雇佣朱某等人从事餐饮服务工作。2020 年 5 月起，杰司公司拖欠朱某等 15 名员工两个月工资共计人民币 14 万余元。朱某等人向上海市虹口区人力资源和社会保障局（以下简称虹口区人社局）投诉，该局受理后多次要求厉某等人配合解决问题，但厉某等人无正当理由均未到场。2021 年 8 月 16 日，杰司公司至上海虹口区市场监督管理局（以下简称虹口区市场局）注销登记。2021 年 8 月 17 日，虹口区人社局不知公司已注销作出《行政处理决定书》，责令杰司公司补发工资，后于 2022 年 11 月 3 日重新作出行政处理决定，责令杰司公司原股东厉某等人于 2022 年 11 月 19 日前支付拖欠工资，厉某在指定的期限内仍拒不支付。

2022 年 12 月，上海市虹口区人民检察院（以下简称虹口区检察院）监督虹口区公安分局依法立案侦查。2023 年 4 月，厉某在家属的帮助下支付全部拖欠工资，并自愿认罪认罚。2023 年 8 月，虹口区检察院综合本案犯罪事实、情节以及厉某认罪认罚、退赃退赔等表现，依法对其作出不起诉决定。

【检察机关履职过程】

1. 建议行政执法机关移送犯罪线索，监督公安机关立案。2022 年

9 月，朱某等 15 名被杰司公司拖欠工资员工，至虹口区检察院反映被欠薪情况。控告申诉部门与刑事检察部门共同研商，认为杰司公司及其实际控制人厉某等人可能涉嫌拒不支付劳动报酬犯罪，遂与区人社局召开联席会议，引导行政执法机关全面收集证据，并建议虹口区人社局向虹口区公安分局移送犯罪线索。在虹口区检察院的督促下，虹口区公安分局于 2022 年 12 月 19 日决定立案侦查。

2. 准确落实宽严相济刑事政策，依法不予批准逮捕和不起诉。虹口区公安分局立案后，厉某主动投案，但以股东之间有纠纷为由拒绝支付拖欠农民工工资。虹口区公安分局决定对厉某刑事拘留并提请批准逮捕。虹口区检察院在审查逮捕过程中，全面听取被拖欠工资员工的意见、厉某的供述及辩解，充分释法说理，开展认罪认罚教育，告知厉某股东之间的经济纠纷不能对抗拒不支付劳动报酬的追责。后厉某在家属的协助下全额支付拖欠工资，相关纠纷通过民事诉讼予以解决。检察机关依法作出不批准逮捕决定。审查起诉阶段，检察机关综合厉某经释法说理能够自愿认罪认罚并积极履行义务、化解矛盾纠纷等情况，依法对厉某作出相对不起诉决定。

3. 积极开展司法救助，依法保障劳动者合法权益。检察机关经调查核实发现，涉案农民工多以临时务工为主、收入微薄、家庭生活困难，且临近传统春节假日，为帮助涉案农民工渡过难关，积极开展司法救助，累计向符合条件的 24 名困难农民工，发放救助金共计人民币 18.2 万元。

4. 依托大数据法律监督模型，助推行业主管单位堵漏建制实现诉源治理。针对杰司公司利用制度漏洞注销登记逃避处罚的问题，虹口区检察院分别向虹口区人社局、市场局制发检察建议，与虹口区人社局、市场局会签《关于建立涉劳动纠纷案件行政监管与行政检察工作衔接机制的意见（试行）》，建构"企业恶意注销民事行政检察监督模型"，完善涉劳动纠纷领域案件的注销预警、信息通报、线索移送、检行协作等机制，有效填补行政主管单位因信息不畅导致企业通过恶意注销逃避法律责任的管理漏洞。

【典型意义】

1. 健全行刑衔接机制，依法履行法律监督职责。完善检察机关与行政执法部门的沟通协商和信息共享机制对于畅通行刑衔接意义重大。本案依托行刑衔接工作沟通机制，检察机关获悉农民工与餐饮企业的矛盾纠纷，及时对行政执法部门的取证、法律适用等提出意见和建议，建议将犯罪线索移送公安机关，同时依托犯罪线索移送备案机制，对公安机关的立案活动开展监督。

2. 一体综合履职发挥检察合力，全面保障劳动者合法权益。劳动争议纠纷政策性强，涉及面广，处理不慎既无法保障劳动者权益，也易引发群体性矛盾。本案办理中，检察机关依法履行督促移送犯罪线索、监督立案、司法救助等多项职责，全方面、多渠道维护农民工合法权益，既审慎稳妥办好案件，也依法化解社会矛盾。

3. 依法能动履职，融合治罪与治理。由于行政执法部门与市场登记部门间的信息壁垒，产生了企业恶意注销逃避法律责任乱象。检察机关通过调查研究发现深层次社会治理问题，主动与行政执法部门、市场登记机关协同治理，建立限制注销预警函机制，有效破解"信息孤岛"问题，协同发现并纠正未履行行政处理或行政处罚决定而恶意注销的行为，实现类案治理，以"我管"促"都管"。

案例三

陈某华、李某、黄某、刘某辉盗窃案

【关键词】

护薪惠民 宽严相济 化解矛盾 延伸治理

【基本案情】

陈某华、李某、黄某、刘某辉等四人在浙江省杭州市萧山区临浦镇某项目工地当钢筋工，主要负责切断钢筋、制作造型等。2023 年 8 月 10 日至 2023 年 9 月 7 日期间，四人因工资被拖欠，经济拮据，经商议后决定以部分人员望风、部分人员剪钢筋的方式合伙盗窃所在工地钢筋，后续通过电动三轮车将钢筋运送至废品回收站出售牟利，利益均分。其中陈某华、李某盗窃 11 次，分别获利 2000 余元；黄某盗窃 8 次，获利 1200 元；刘某辉盗窃 6 次，获利 900 元。

案发后，陈某华等四人均在工地现场被公安机关传唤到案，全额退出违法所得。审查起诉阶段，陈某等四人认罪认罚，检察机关综合四人实施盗窃犯罪系因欠薪生活陷入困顿而引发，虽盗窃次数较多，但每次盗窃的数额相对较小，最终依法对陈某华等四人作出相对不起诉决定。

【检察机关履职过程】

1. *严审细查，探究犯罪背后原因。*检察机关审查起诉中，陈某华等四人称盗窃事出有因，系由于工地负责人拖欠工资导致经济拮据，四人担心九月份开学无法及时支付孩子学费而实施了盗窃。为进一步核实上述情况，检察机关联系犯罪嫌疑人所在工地"工头"，询问相关情况，同时电话联系犯罪嫌疑人原籍地村干部，了解其各自家庭情况，证实犯罪嫌疑人均为各自家庭的经济支柱，本次盗窃犯罪动机自述真实可信。

2. 宽严相济，修复受损社会关系。陈某华等四人盗窃次数最多达 11 次，均已构成盗窃罪。但考虑到四人的盗窃犯罪系欠薪引发，案发后认罪认罚、真诚悔罪，积极退赃并取得谅解，主观恶性较低，且四人均无前科，检察机关依法适用认罪认罚从宽制度对四人作出相对不起诉处理。

3. 化解矛盾，切实维护劳动者权益。虽然本案涉案仅 4 人，但检察机关在审查中发现，该工地被欠薪的钢筋组农民工还有 15 人，且案发时间系农历新年前，欠薪导致农民工无法回家过年，影响老百姓合法权益，破坏安定祥和的社会秩序。检察机关多次与工地负责人进行沟通，要求及时支付工资，保障农民工合法权益。后又会同派出所实地走访工地，再次督促工地负责人及时支付欠薪。工地负责人最终于 2024 年 1 月 30 日（农历腊月二十）向包括本案 4 名涉案人员在内的 19 名钢筋工支付了拖欠的 2023 年 6 至 12 月工资共计 17.1 万元，确保农民工安心回家过年。

4. 形成合力，实现治罪到治理。本案办结后，检察机关适时走访案件相关企业，了解当前工程进展、人员管理以及法律服务需求等情况，精准提供检察服务，实现民忧、企忧一起解。根据办案中发现的社会治理问题，形成案件专题报告提交区委政法委，区委政法委牵头召集公安、法院、人社、综合行政执法等部门进行专题会商，进一步做好拒不支付劳动报酬案件查处和衔接工作。

【典型意义】

1. 打击犯罪与权益保护并重。一方面，不简单就案办案，本起盗窃犯罪是由欠薪而引起的错误"自力救济"案件，办案中检察机关落实宽严相济刑事政策，让被欠薪的劳动者在认识到自己错误的同时，获得从宽处理的机会；另一方面，注重权益保护，既帮助本案的 4 名犯罪嫌疑人依法讨薪，又延伸到其余 15 名被欠薪工人，真正做到案结事了人和，促进社会和谐稳定。

2. 个案办理与延伸治理同步。检察机关坚持诉源治理，在考虑个案发生原因的同时，也深入思考和探究类案规律及其背后存在的深层次社会治理问题。本案中，检察机关发现欠薪问题若不及时解决，可能引发盗窃等次生问题，同时也极易引发群体信访和社会舆情，亟待综合施策，形成"一类事"的治理合力和长效机制。为此，检察机关主动向当地政法委汇报，提出治理建议，促进行政机关和司法机关达成执法司法共识，为根治欠薪工作提供有力保障。

案例四

胡某林与陕西某建筑劳务有限责任公司劳动争议纠纷抗诉案

【关键词】

劳动争议　工伤保险待遇　约定合法性　司法审查

【基本案情】

2016 年 5 月 9 日，胡某林入职陕西某建筑劳务有限责任公司（以下简称某劳务公司），担任砼工工长一职。2017 年 3 月 27 日，胡某林在工地工作时受伤，当日住院，共住院治疗 22 天。2017 年 5 月 6 日，某劳务公司与胡某林签订《协议书》约定，对胡某林 2017 年 3 月 27 日在项目工地摔伤一事，赔偿医疗费 55000 元，一次性补偿 88000 元。同时约定付清上述费用后，双方就此事不存在任何争议，案结事了。胡某林认可收到补偿款 88000 元，医疗费 55000 元已由某劳务公司直接支付医院。2019 年 6 月 1 日，西安市长安区人力资源和社会保障局作出认定工伤决定书，对胡某林受到的事故伤害认定为工伤。2019 年 9 月 20 日，西安市劳动能力鉴定委员会作出《鉴定结论书》，鉴定胡某林的伤残等级为九级；2020 年 7 月 3 日作出《鉴定结论书》，确定胡某林的停工留薪期为七个月，自 2017 年 3 月 27 日至 2017 年 10 月 26 日。胡某林受伤之后再未到某劳务公司上班。2020 年 8 月 11 日，胡某林以 EMS 快递方式向某劳务公司邮寄送达了《解除劳动关系通知书》，某劳务公司确认收到该通知书。

胡某林向西安市劳动人事争议仲裁委员会提起仲裁，请求确认双方劳动关系解除，某劳务公司支付其相关工伤保险待遇。西安市劳动人事争议仲裁委员会支持了胡某林的仲裁请求。某劳务公司不服，向西安市雁塔区人民法院起诉，请求某劳务公司无须向胡某林支付工伤保险待遇。西安市雁塔区人民法院一审判决双方劳动合同解除，某劳务公司向胡某林支付工伤保险待遇差额 143630.94 元。某劳务公司不服一审判决，向西安市中级人民法院提起上诉。西安市中级人民法院认为，双方 2017 年 5 月 6 日签订的《协议书》合法有效。胡某林作为具备意思自治的成年人，未提供证据证实协议违背其真实意思表示，亦未提起撤销之诉，向某劳务公司主张工伤待遇的请求不能成立。判决某劳务公司无须支付胡某林工伤保险待遇 143630.94 元。胡某林不服二审判决，向陕西省高级人民法院申请再审被驳回。

【检察机关履职过程】

1. 受理及审查情况。胡某林向西安市人民检察院申请监督。西安市人民检察院依法提请陕西省人民检察院抗诉。检察机关通过调阅原审卷宗、询问双方当事人、检索同类已生效判决案例，重点审查：一是未经劳动行政部门认定工伤和评定伤残等级，劳动者与用人单位签订协议，所获补偿明显低于法定工伤保险待遇标准的，能否要求用人单位补足差额部分。本案胡某林与某劳务公司达成工伤补偿协议时，其工伤认定及伤残等级评定均未作出，系在缺乏实际判断、处于危困状态下所签。协议补偿数额明显低于法定工伤保险待遇标准数额，结果显失公平，有权要求某劳务公司予以补足。二是案涉协议书补偿费用是否符合法律规定。协议书仅约定补偿胡某林伤残补助金、医疗费、交通费、营养费、误工费、护理费、伙食补助等费用，未包含一次性工伤医疗补助金、一次性伤残就业补助金与停工留薪工资。一次性工伤医疗补助金与一次性伤残就业补助金不同于伤残补助金及伤残津贴，系解除劳动关系时，对劳动者给予的工伤救济。停工留薪工资是对劳动者因工伤不能工作期间给予必要的补偿和救济。以上费用某劳务公司亦应予支付。三是人民法院是否有权变更双方协议约定的补偿数额。根据《最高人民法院关于审理劳动争议案件适用法律问题的解释（一）》第五十三条第二款的规定，对于工伤保险待遇给付数额不当的，人民法院可以予以变更。

2. 监督意见。陕西省人民检察院认为，为劳动者办理工伤保险是用人单位的法定义务，享受工伤保险待遇是受到工伤的劳动者的法定权利。用人单位和劳动者可以就工伤的赔偿事宜进行约定，但约定不能排除用人单位的法定义务和劳动者享受工伤保险待遇的法定权利。故赔偿数额显失公平时，劳动者可以就工伤保险待遇差额向人民法院起诉，人民法院应当予以变更，由用人单位依法向劳动者支付低于法定工伤保险待遇的差额部分。生效判决以约定赔偿金额等事项已实际履行为由，认定某劳务公司无须支付胡某林工伤保险待遇143630.94元，适用法律错误。2023年10月，陕西省人民检察院向陕西省高级人民法院提出抗诉。

3. 监督结果。陕西省高级人民法院指令西安市中级人民法院再审本案。西安市中级人民法院审理后认为，检察机关的抗诉理由成立，应予采纳。于2024年3月29日作出再审民事判决，判令某劳务公司自判决生效之日起十日内支付胡某林工伤待遇差额 124876.56 元。

【典型意义】

1. 检察机关在办理劳动争议案件时应准确把握劳动者工伤保险待遇范围，切实保护劳动者的合法权益。国家建立工伤保险等社会保险制度，旨在保障劳动者在工伤情况下依法从国家和社会获得物质帮助的权利。用人单位和劳动者可以就工伤的赔偿事宜进行协商约定，但约定不能排除用人单位的法定义务，减损劳动者应享受的工伤保险待遇权利。本案双方签订协议时，工伤认定、伤残等级评定未作出，劳动者对自身伤残情况认识不足，双方约定的一次性补偿费用未完全涵盖法定项目。检察机关准确把握工伤保障范围，抗诉后促使用人单位增加补偿解除劳动关系时应支付的一次性工伤医疗补助金和一次性伤残就业补助金，以及双方协议中未约定支付的停工留薪工资，切实加强了对劳动者的工伤救济，全面维护了劳动者的合法权益，以检察履职"力度"提升了民生"温度"。

2. 检察机关应当全面审查劳动关系中相关约定合法性，保障劳动争议领域实质公平。劳动用工法律关系中，劳动者一般处于相对弱势的地位。尤其在建筑等劳动密集型行业中，普遍存在劳动者法律意识不强、自我保护能力不足的现象。用人单位与劳动者之间工伤补偿协议有异于一般的民事合同，不能过分强调当事人意思自治。司法机关对于双方合意应当主动进行审查，在法律框架下对约定内容进行规制和约束，确保符合劳动者权益保障的相关法律规定，防止用人单位以双方"自愿"合意的形式，规避法律强制性义务，导致劳动者在危困情况下权益受损。本案检察机关通过抗诉，维护了《社会保险法》《工伤保险条例》等相关法律规定的权威性与统一适用，彰显了国家工伤保险制度要义，也为劳动者群体维护自身合法权益提供了参照样本，实现了"办理一案、治理一片"的良好社会效果。

案例五

张某岭等 175 名农民工追索劳动报酬支持起诉案

【关键词】

追索劳动报酬　调查核实　支持起诉　检护民生

【基本案情】

2018 年 2 月至 2022 年 1 月，张某岭等 175 名农民工受雇于山东省德州市某环卫有限公司（以下简称某环卫公司），从事某镇辖区内的环卫保洁及生活垃圾清运工作。张某岭等人依约完成任务后，某环卫公司拖欠工资，被拖欠工资从几百到几千元不等，张某岭等人要求某环卫公司支付，但对方以各种理由推诿，不予支付。后张某岭等人多次前往有关部门反映情况，但追索劳动报酬未果。

【检察机关履职过程】

1. 受理及审查情况。2022 年 6 月，张某岭等 175 名农民工向山东省德州市德城区人民检察院（以下简称德城区人民检察院）申请支持起诉，请求帮助索要劳动报酬。德城区人民检察院经研判认为，所涉农民工基本上是 60 岁以上老年人，生活困难，其合法权益受到侵害，自身维权能力较弱，符合支持起诉条件，依法应予受理。受理该案后，德城区人民检察院开展了以下工作：一是协助申请法律援助。积极沟通法律援助中心为 175 名农民工指派法律援助律师。二是联合区人社局劳动保障监察大队、区司法局等单位，召开联席会议商讨案情，研究解决方案，并共同到某环卫公司实地调查走访，向某环卫公司释法说理，告知相关法律后果，督促某环卫公司积极配合。三是开展调查核实。德城区人民检察院经过审查发现，张某岭等 175 名农民工没有留存工资条、劳务合同等能够证实劳动关系和欠薪数额的证据，不足以支持诉讼请求。

2. 调查核实。检察机关围绕以上事实依法开展调查核实：一是逐一对 175 名农民工和某环卫公司会计人员进行询问，了解每名农民工的入职渠道、劳动岗位、劳动地点、工资计算标准、结算方式等信息，确认涉案 175 名农民工均与某环卫公司存在劳动关系；二是调取环卫公司的财务资料、工资清单、银行流水，核实工资应发、实发数额，并同 175 名农民工核对欠薪数额，最终查明某环卫公司拖欠工资共计 603955.86 元，并对全过程进行录音录像固定证据。

3. 支持起诉意见。德城区人民检察院经审查认为，张某岭等 175 名农民工与某环卫公司存在劳动关系，某环卫公司未支付劳动报酬侵害农民工合法权益，其诉请支付劳动报酬于法有据。2023 年 4 月，德城区人民检察院依法作出支持张某岭等 175 名农民工诉请劳动报酬的意见，建议法院支持其诉讼请求。

4. 裁判结果。山东省德州市德城区人民法院受理张某岭等 175 名农民工诉讼案后，德城区人民检察院协助农民工申请减免诉讼费用，后联合德城区人民法院共同开展庭前调解。某环卫公司虽认可欠薪事实及数额，但以镇政府未支付其外包费用为由，提出没有能力向农民工实际支付工资。德城区人民检察院通过调取某环卫公司与镇政府的民事诉讼案卷，查明某环卫公司对镇政府享有到期债权，遂及时引导农民工申请对该债权保全，保障能够优先支付拖欠的农民工工资。最终该批支持起诉案件均以调解结案，175 名农民工被欠工资全部给付完毕。

结合本案办理，德城区人民检察院与德城区人民法院、德城区司法局会签《关于加强民事支持起诉协作配合工作的实施意见》，加大本地区对弱势群体保护的协作力度。

【典型意义】

1. 检察机关办理农民工追索劳动报酬支持起诉案件时应加大调查

核实力度，查清案件基本事实，切实维护劳动者合法权益。农民工等弱势群体是"检护民生"专项行动关注的重点人群，依法解决拖欠农民工工资问题，既关系农民工切身利益，也是检察机关落实"高质效办好每一个案件"的重要体现。实践中，农民工往往法律意识欠缺、维权能力不足，是典型的支持起诉对象，检察机关应当加大调查核实力度，帮助收集支持农民工具体诉讼请求、证明案件争议事实的相应证据，消除弱势群体诉权障碍，实现双方当事人诉权的实质平等。

2. 检察机关维护弱势群体合法权益，应当坚持能动履职，践行司法为民，强化诉源治理，持续做实民生司法保障。"解'薪'事、护民生"是检察机关高质效办好每一个案件的重要方面，也是坚持以人民为中心司法实践的生动体现。支持起诉不是目的，检察机关以农民工诉讼困难群体及时实现权益为目标，通过释法说理、联合调解等方式，缩短诉讼时间，防止农民工因诉讼加重生活困难，尽快恢复正常生产生活，尽快实现弱势群体合法诉求，实现案结事了人和。检察机关通过能动履职，让人民群众可感受、能感受、感受到公平正义，为保障和改善民生贡献检察力量。

案例六

邹某某与四川省某市人力资源和社会保障局、某建设工程有限公司行政确认检察监督案

【关键词】

行政生效裁判监督　劳动者权益保护　工伤认定　热射病

【基本案情】

罗某某系某建设工程有限公司（以下简称工程公司）工人。2018

年 7 月 19 日 19 时，罗某某工作结束收拾工具时突然晕倒，后送医院治疗，7 月 25 日经医治无效死亡。罗某某的《出院病情证明书》记载："1. 热射病；2. 左侧额颞顶枕叶-基底节区大片梗塞……"四川某司法鉴定所《司法鉴定意见书》认为，符合热射病并脑挫裂伤出血梗死（继发大叶性肺炎）致急性呼吸循环功能障碍死亡。四川省某市人力资源和社会保障局（以下简称市人社局）认为，罗某某在工作岗位突发疾病，但死亡时间超过 48 小时，且申请人未能提交职业病诊断鉴定书或者证明书，作出不予认定工伤决定。邹某某（系罗某某妻子）不服，提起行政诉讼。

某区法院一审认为，不管是中暑还是晕倒后头部着地致脑挫裂伤出血梗死，均不是罗某某本身的疾病，而与其在高温的工作环境中连续工作有直接的因果关系，应当认定为因工受伤（死亡），判令市人社局重新作出具体行政行为。市人社局不服，提起上诉。某市中级人民法院二审认为，罗某某在医院的抢救时间超过 48 小时，现有证据既不能证明罗某某在倒地时头部着地受伤的事实，也不能证明罗某某患职业病的事实。司法鉴定不是职业病鉴定机构作出的职业病鉴定，不能证明罗某某患职业病。判决撤销一审判决、驳回邹某某的诉讼请求。邹某某申请再审被驳回。

【检察机关履职过程】

1. **案件来源**。邹某某于 2021 年 2 月 24 日向某市检察院申请监督。某市检察院审查后提请四川省检察院（以下简称省检察院）抗诉。

2. **调查核实**。省检察院成立以检察长为主办检察官的办案组，调查核实后查明，邹某某未能补正职业病诊断证明书的原因是某市没有具备对职业性热射病进行诊断资质的机构，邹某某向当地多家职业病诊断机构提出诊断申请均未被受理。邹某某申请检察监督后，向具备职业性热射病诊断资质的四川大学华西第四医院（以下简称华西四医院）提出诊断申请。鉴于邹某某自身无法提供罗某某的职业史证明等材料，检察机关应邹某某和华西四医院请求，依职权调取相关证据，出具《关于罗某某的情况说明》。华西四医院作出结论为职业性中暑（热射病）的《职业病诊断证明书》。市人社局和工程公司均无异议。

3. 监督意见。省检察院审查认为，罗某某的职业病诊断证明属于行政诉讼的新证据，能够证明罗某某患有的热射病属于职业病，根据《工伤保险条例》第十四条第四项的规定应当认定工伤。遂于 2023 年 11 月 14 日向四川省高级人民法院（以下简称省法院）提出抗诉。

4. 监督结果。2024 年 4 月 2 日，省法院开庭再审本案，省检察院检察长和省法院院长同庭履职，当庭开展行政争议实质性化解工作。市人社局表示接受法检两院建议，实质启动工伤认定程序；邹某某当庭表示认可并撤回再审请求。省法院裁定终结再审程序。

5. 推进治理。针对在办案中发现的职业病诊断和鉴定机构覆盖面较窄、劳动者和用人单位防治意识不强、职业病诊断和工伤认定程序复杂等问题，省检察院、省法院向相关行政主管机关提出工作建议，联合召开劳动者权益保障座谈会，共同推动完善职业病防治管理体系，保障劳动者健康权益。

【典型意义】

工伤认定是受伤职工依法享受工伤待遇的前提。人民检察院办理工伤行政确认生效裁判监督案件，发现裁判的事实认定或法律适用等确有错误，或者有新的证据，足以推翻原判决、裁定的，应当依法提出抗诉或再审检察建议，监督人民法院公正司法，促进人社部门依法认定工伤，保护劳动者合法权益。本案中，四川省检察机关认真深入审查劳动者未被认定工伤的原因等，依职权开展调查核实，在邹某某提供了热射病职业病诊断证明的新证据后，依法提出抗诉。再审中，人民检察院会同人民法院开展实质性化解，人社部门主动纠正原行政行为，邹某某撤回再审请求，实现案结事了人和。针对办案中发现的职业病诊断难、周期长等工伤认定问题，检察机关与人民法院、行政机关加强沟通协调，完善职业病防治、认定和保护体系，共同守护劳动者合法权益。

案例七

<h1 style="text-align:center">范某海与新疆某县人社局、
社保中心行政诉讼执行监督案</h1>

【关键词】

行政诉讼执行监督　劳动者权益保护　工伤保险　先行支付

【基本案情】

范某海系新疆乌鲁木齐某公司员工，但公司未与其签订劳动合同，未缴纳工伤保险。2013 年 7 月，范某海在某县工地工作期间，从车辆驾驶室摔下致颈椎骨折，被认定为工伤、伤残三级。县劳动仲裁委裁决公司给予范某海工伤保险待遇等 142 万余元。因公司无财产可供执行，赔偿未能到位。2021 年 7 月，范某海向公司注册地社保中心申请先行给付，该社保中心答复应由实际经营地某县社保中心办理。范某海遂向某县人社局、某县社保中心申请先行支付工伤保险待遇，县人社局书面答复不予办理。范某海提起行政诉讼。2022 年 10 月，某市中级人民法院作出二审判决，判令某县社保中心依法履行先行支付工伤保险待遇的法定职责。范某海认为判决未明确先行支付的金额申请再审，后被驳回。

【检察机关履职过程】

2023 年 9 月，范某海向某市检察院申请监督。市检察院审查认为，法院判决未直接确定先行支付金额，并无不当。市检察院审查中了解到，范某海的真实诉求是尽快获得足额的工伤保险待遇，但判决生效已经一年，县社保中心仍未履行先行支付义务，违反《行政诉讼法》第九十四条的规定。县社保中心辩解未履行判决的原因是支付系统无法核算金额，而且不确定是否应由其支付。理由是，本案工伤发生于2013年，但《人力资源社会保障部关于执行〈工伤保险条例〉若干问题的意见（二）》于2016年开始执行，该意见关于"未参加工伤保险的职工，应在生产经营地办理工伤保险待遇"的规定对本案不具有溯及力，不应当依照该意见判令其承担支付义务。为打消行政机关疑虑，检察机关组织公开听证，邀请人大代表、政协委员、法学教授等参加。最终一致认为，该意见是对《工伤保险条例》执行中有关管辖问题的明确，按照程序从新原则，应当适用。检察机关遂依法向某县社保中心提出检察建议。某县社保中心积极申请上级支持，解决系统不能核算的问题，于2013年12月14日向范某海先行支付一次性伤残补助金等工伤保险待遇27万元，自2024年起，每月支付伤残津贴、生活护理费等2680余元。

【典型意义】

工伤保险先行支付制度有利于职工受伤后得到充分保障。人民检察院办理工伤保险先行支付行政生效裁判监督案件，应当秉持客观公正的立场，本着解决受伤职工急难愁盼的态度，既要审查生效裁判是否存在不当，确保裁判结果公正，还要监督纠正诉讼执行活动中的违法行为，确保执行到位、合法。本案中，某市检察院经过全面审查，认定范某海监督申请理由不成立，同时发现行政机关因对相关规定的溯及力存在不同认识，进而迟迟不履行生效裁判确定的义务，遂通过公开听证消除了分歧，并依法开展行政诉讼执行监督，敦促行政机关先行支付工伤保险待遇，维护劳动者的合法权益。

案例八

吉林省桦甸市人民检察院督促保护
农村劳动者权益行政公益诉讼案

【关键词】

行政公益诉讼检察建议　农村劳动者权益　检护民生　农机安全

【基本案情】

吉林省桦甸市位于吉林省东南部丘陵山区，地块细碎凌乱、坡多台多埂多、形状不规则，大中型农业机械难以进地作业，小型农机使用较为普遍。自 2020 年至今，桦甸市范围内因无证驾驶农机、私自改装、违法上路、使用违法拆卸和拼装农机、擅自拆除安全防护、操作使用不当等原因出现死亡、重伤和轻伤等事故多发，且受伤人数呈逐年上升趋势，农机伤人的伤害程度较为严重。

【检察机关履职过程】

2023 年 5 月初，"益心为公"志愿者向吉林省桦甸市人民检察院（以下简称桦甸市院）反映本案线索。桦甸市院决定立案调查。经向桦甸市人民医院、中医院调取近年来因操作农机致伤情况，查明农机致伤 145 人，其中 2020 年 39 人，2021 年 47 人，2022 年 59 人，同比分别增长 20.5%、25.5%，呈逐年上升趋势。在 145 起事故中，共造成轻伤 96 人、重伤 48 人、死亡 1 人，致伤农机多为单垄收割机、倒粮机及旋耕机。经与桦甸市残疾人联合会提供的身份信息比对，发现 2020 年以来因使用农机致残人员 8 人。

桦甸市院从农机生产、销售、使用、改装等多角度入手开展调查，实地走访农机制造、销售、维修企业，了解农机出厂标准、操作规范及安全事项等情况。深入全市 10 个乡镇街道入户调查农机致伤人员 46 人。调查发现，农机登记不规范、操作人员无证上岗、农机改装和带病作业等问题是引发农机事故的重要原因。

同年 7 月 25 日，桦甸市院依据《拖拉机和联合收割机驾驶证管理规定》《吉林省农业机械管理条例》相关规定，针对无证驾驶农业机械、监理机构培训不实、组织考试走过场、未依法履行登记、报废和巡查等义务等违法行为，向桦甸市农业农村局制发检察建议，建议其加强对农业机械安全生产监督检查力度，防止农机安全问题危害农村劳动者权益。

收到检察建议后，桦甸市农业农村局组织开展农机驾驶员岗前培训、规范考试流程与内容、农机安全知识宣传和完善机制等工作，出动执法人员 210 人（次），出动执法车辆 110 辆（次），累计安全检验农机车辆 800 台套，农机车辆落籍 128 台套。组织 65 人通过培训并考取驾驶证，发放反光条 10 万贴，发放《致农民朋友一封信》和各类农机宣传画册共计 1.5 万份，完善和实施农机登记制度、考试培训核查制度、销售登记制度和日常巡查制度，农机安全保护效果显著提升。

桦甸市院将本案办理情况上报吉林市人民检察院，吉林市人民检察院发现辖区内其他市县也存在类似情形，遂决定作为市级院公益诉讼专案直接办理，经调查认为，全市范围内的农机安全问题更为复杂多样，涉及农业农村、市场监管、交通运输等多个监管部门，2023 年 11 月 7 日，吉林市院向吉林市人民政府制发检察建议，督促组织多部门协同履职。市政府接到建议后组织市农业农村局、市场监督管理局和交通管理部门成立全市农机安全监管领导小组，从强化制度完善、细化管理责任、推动源头治理、构建协调机制、加强宣传培训等五个方面，全面堵塞农机安全监管漏洞，形成农机安全防范长效机制。针对农村劳动者农机受损后的评残和医保报销问题，吉林市院协调医保部门和残联建立

"绿色通道"，简化申报流程，切实高效为农村劳动者提供便捷服务。

【典型意义】

1. 检察机关办理涉农行政公益诉讼案件，应当在全方位调查的基础上精准有效开展监督，找准保障农村劳动者权益的发力点。农机安全关乎农村劳动者生命健康权，是农业发展和粮食安全的重要保障，是重要的民生问题。检察机关针对农机安全监管中存在的问题，积极发挥公益诉讼监督职能，开展全方位的社会调查，精准督促行政机关在问题易发多发环节加强农机安全监管工作，保护农民劳动者生命健康。

2. 检察机关在办案中应当以个案为切口，以一体化履职促推行政机关协同发力，形成长效机制助推社会综合治理。为形成农民劳动者权益保障合力，检察机关坚持一体履职，从多个问题环节和多个部门职能中精准溯本查源，督促市级人民政府和多个主管部门融合发力，形成农机安全防范长效机制，堵塞农机安全监管漏洞，以检察公益诉讼推动解决农机安全生产领域风险隐患、突出问题。针对农村劳动者伤后评残和医保报销问题，推动相关单位为农村劳动者提供优质便捷服务，做实做优检察为民。

全面保障劳动者合法权益 "检护民生" 在行动
——最高人民检察院有关部门负责人就检察机关依法维护劳动者合法权益典型案例答记者问

"五一"国际劳动节前夕，最高人民检察院发布了一批检察机关依法维护劳动者合法权益典型案例，包括依法惩治恶意欠薪、对困难劳动者依法支持起诉、开展检察公益诉讼等。近日，最高人民检察院有关部门负责人就该批案例回答了记者提问。

问：近日，最高人民检察院发布一批保障劳动者合法权益的典型案例，请问发布这批案例的考虑是什么？

答：恰逢"五一"国际劳动节来临之际，最高人民检察院围绕全面保护劳动者合法权益发布了一批典型案例，这是今年全国检察机关开展"检护民生"专项行动的一项重要内容，充分体现了检察机关对于劳动者权益保障的高度重视，下面我谈一谈发布这批案例的三点考虑。

一是检察机关要坚持从政治上着眼、从法治上着力，将劳动者权益保障作为做好检察为民的切入点和着力点。最高人民检察院发布这批典型案例，旨在进一步坚持人民检察为人民，引导全国检察机关用心用情办好劳动争议等关乎人心向背的民生案件，更加主动找准运用检察力量做实司法为民、服务中国式现代化的切入点和着力点，确保检察权为人民行使、让人民满意。

二是检察机关要增强为大局服务、为人民司法、为法治担当的针对性和实效性，深入推进"检护民生"专项行动，充分运用法治"力度"提升民生"温度"。2024 年 2 月，最高人民检察院在全国检察机关部署开展了为期一年的"检护民生"专项行动，围绕重点人群及民生热点确立了 11 项行动重点，其中第一项重点内容就是进一步加强劳动者特别是灵活就业和新就业形态劳动者权益保障。检察机关将以发布此次典型案例为契机，深入推进"检护民生"专项行动，积极参与根治欠薪专项行动，加强对民事、行政审判和执行活动的法律监督，依法惩治恶意欠薪犯罪，不断加强民生司法保障。

三是各地检察机关要秉持"高质效办好每一个案件"的检察办案基本价值追求，切实解决劳动者急难愁盼。这批典型案例只是检察机关办理涉劳动者案件的一个缩影，全国检察机关将持续把"高质效办好每一个案件"作为基本价值追求，通过办好包括涉劳动者权益保护在内的每一个民生案件，主动将习近平总书记反复强调的"努力让人民群众在每一个司法案件中感受到公平正义"落到实处，进一步做实做优人民群众可感受、能体验、得实惠的检察为民。

问：近年来，检察机关持续加大拒不支付劳动报酬犯罪案件办理力度。我们也注意到，受后疫情时代经济缓慢回升等因素影响，因经营遇到严重困难而导致欠薪情况时有发生。对此，检察机关在办理此类刑事案件时有哪些考虑？刑事检察部门在"检护民生"专项行动中如何进一步保障劳动者合法权益呢？

答：近年来，检察机关持续加大拒不支付劳动报酬犯罪案件办理力度，依法严惩恶意欠薪行为，不断加强能动履职，最大程度保障劳动者及时足额拿到工资，保障最基本的民生底线，对此具体开展了以下工作。

我们依法惩治恶意欠薪犯罪，切实维护劳动者合法报酬权益。全国检察机关持续落实党中央和国务院有关根治欠薪的决策部署，通过提前介入、引导取证、强化立案监督等方式依法履行检察办案职能，聚焦打击"以转移财产、逃匿等方法逃避支付劳动者报酬"等恶意欠薪行为，有效发挥刑罚的惩治和震慑作用。2024 年 1 月至 3 月，全国检察机关对情节恶劣、后果严重，经责令支付仍拒不支付的犯罪嫌疑人依法批准逮捕 260 件、264 人，依法受理审查起诉拒不支付劳动报酬犯罪 799 件、936 人，依法提起公诉 222 件、240 人。各级检察机关主动加强联系，与公安机关、人力资源和社会保障部门建立信息共享机制，共督促公安机关立案拒不支付劳动报酬犯罪案件 47 件 53 人，有效避免和纠正有案不移、有案不立、立而不侦、拖延懈怠侦查等问题的发生。全力做好追赃挽损工作，保障拖欠农民工工资报酬优先、及时、足额支付。2024 年 1 月至 3 月，检察环节共追讨欠薪 2700 余万元。

我们立足准确把握"三个善于"，依法落实宽严相济刑事政策。实践中，因后疫情时代经济缓慢回升等因素影响，一些小微企业因经营遇到严重困难而导致欠薪情况时有发生。在依法惩治恶意欠薪犯罪案件、帮助劳动者追欠挽损的同时，注重把握好企业因资金周转困难拖欠劳动报酬与恶意欠薪的界限，坚持宽严相济刑事政策，对真诚认罪悔罪、尽力足额补救支付劳动报酬的，依法从宽处理，最大程度减少因涉罪对企业正常生产经营的影响，进而更好维护劳动者薪酬权益，避免引发新的次生矛盾。精准确定打击对象，坚持客观公正立场，确保无罪的人不受刑事追究。对于犯罪情节显著轻微、危害不大、欠薪数额未达法定追诉标准的，或并非属于有能力支付而拒不支付的恶意欠薪行为的，依法作出不起诉决定。落实宽严相济，依法适用认罪认罚从宽制度。准确把握审查逮捕条件，及时开展羁押必要性审查，对符合逮捕条件、确有逮捕必要的依法批准逮捕，对不符合逮捕条件，没有逮捕必要的，依法作出不批准逮捕决定。2024 年 1 月至 3 月，拒不支付劳动报酬犯罪无逮捕必要不捕 161 人。充分适用认罪认罚从宽制度，对犯罪嫌疑人（单位）真诚认罪悔罪、尽力足额补救支付劳动报酬、及时开展企业合规整治的，依法作出不诉决定 317 件 392 人。

我们注重四大检察协同发力，推动权益保障的常态化、制度化。各级检察机关加强刑事、民事、行政、公益"四大检察"的协调配合，加快线索流转移送，畅通信息共享渠道。在强化内部协作的同时，注重横向沟通，形成工作合力。

此外，全国检察机关积极面向社会开展法治宣传，引导促进诚信建设。2019 年以来，最高人民检察院已连续五年发布打击拒不支付劳动报酬犯罪典型案例共计 27 件，通报依法惩治恶意欠薪的工作情况与案件办理情况。通过以案释法，促进劳动者增强维权意识，提高企业法律意识与合规建设，促进用工单位和个人守法经营，彰显司法机关聚焦人民群众关切、保护弱势群体利益的坚强决心。

下一步，全国检察机关将持续把依法惩治恶意欠薪作为"检护民生"工作的着力点和切入点，依法履行审查逮捕、审查起诉、立案监督等办案职责，高质效办好每一个案件，为根治欠薪提供司法保障，实现好、维护好、发展好广大普通劳动者的根本利益。

问：从检察机关办理的案件来看，涉及劳动者的民事检察监督案件反映出哪些问题？在"检护民生"专项行动中，民事检察部门将如何进一步保障劳动者合法权益？

答：随着我国经济进入转型的关键时期，劳动者不仅在劳动报酬以及社会保障等基本权利保护方面有了更高要求，互联网共享经济催生的新业态行业用工模式也对劳动者权益保护工作提出了新的问题和挑战，检察机关受理的涉劳动者案件数量也日益增加。2024 年第一季度，全国检察机关受理民事生效裁判监督类的劳动争议案件 1400 余件，其中向法院提出再审检察建议 130 余件，提出抗诉近 30 件；受理的涉劳动争议支持起诉案件 1.4 万余件，对此检察机关支持起诉 7400 余件，其中涉及农民工的 6300 余件。

结合检察机关办案实际来看，劳动争议案件反映出的问题主要集中在以下方面：一是用人单位执行劳动权益保障制度不到位，劳动领域矛盾纠纷多发。从检察机关受理的劳动争议案件类型来看，确认劳动关系、追索劳动报酬、经济补偿金、社会保险四类纠纷的比重达 73.5%，有关用人单位在用工管理、薪资支付、社会保险缴纳、妇女"三期"权益保障、职业病患者工伤认定等方面不同程度存在问题。二是农民工欠薪问题时有发生，劳动监管措施落实不够有力的情况较为突出。从检察机关受理的大量涉农民工讨薪案件看，农民工特殊工资支付制度并未充分落实，事后处罚效果不佳等问题依然存在。三是新业态就业人员法律地位不清，社会保障力度有待进一步加强。新业态就业人员与平台企业就确认劳动关系、工伤待遇、医疗待遇等劳动领域纠纷频发，新业态领域用工、非劳动用工就业人员的社会保障等需进一步规范。

下一步，全国检察机关将进一步加大对涉劳动者民事生效裁判和执行案件的监督力度，着力实现有效监督，以可感可触可信的方式让劳动者感受到公平正义就在身边。进一步加强涉劳动者权益案件的虚假诉讼监督，探索构建虚假诉讼案件查办的大数据平台和法律监督模型，加强与相关职能部门沟通配合，努力健全多渠道监督和防控机制。进一步做实做优支持起诉工作，持续加强支持农民工讨薪起诉工作，在新就业形态劳动者权益保护等领域依法稳妥探索支持起诉的同时，综合运用提供法律咨询、协助收集证据、提出支持起诉意见、协助提供法律援助等多种方式支持起诉，主动加强与工会、人力资源和社会保障部门等相关职能部门协作配合，努力实现线索及时移送、案件协作配合、信息资源共享、工作有效衔接，形成整体合力，促进矛盾纠纷多元化解。

问：行政检察既维护司法公正、又监督和促进依法行政。开展"检护民生"专项行动以来，检察机关在维护劳动者权益，推动行政争议实质性解决方面，有哪些做法和举措？

答：全国检察机关认真贯彻落实习近平总书记重要指示和最高人民检察院院党组关于劳动者权益保障的部署要求，以"检护民生"专项行动为抓手，强化行政检察履职担当，高质效保护劳动者合法权益。

我们立足高质效行政检察监督办案，切实维护劳动者合法权益。自"检护民生"专项行动开展以来，我们结合行政检察工作实际作出具体安排，专门制发行政检察开展"检护民生"统计表，细化列举就业等重点民生领域以及劳动者等重点群体，指导各级检察机关行政检察部门，聚焦劳动就业领域行政案件，加大对行政诉讼、行政非诉执行、行政违法行为等监督力度，监督法院依法纠正错误裁判、依法及时执行，促进争议"一揽子"化解。

2024年1月至3月，全国检察机关共办理涉劳动者权益保护行政检察案件1498件，其中医疗保险、失业保险、工伤保险等社会保险类行政生效裁判监督案件155件，监督审判机关公正司法，督促行政机关依法认定社会保险资格、待遇并及时足额给付，充分保护劳动者合法权益。

例如，四川某公司职工罗某某在工作岗位突发疾病，因死亡时间超过 48 小时，人社部门和审判机关均认为不构成工伤，四川省检察院受理死者妻子监督申请后，成立以省院检察长为主办检察官的办案组，查明罗某某因工中暑导致死亡，遂向法院提出抗诉，开展行政争议实质性化解，促使人社局最终认定罗某某为工伤，死者家属获得赔偿。又如，某建筑劳务公司等 3 个单位拖欠刘某等 17 人工资约 24 万元，人社部门向法院申请强制执行，但审判机关迟迟未立案执行，安徽省某县检察院依法开展行政非诉执行监督，促使该案执行到位，解决了欠薪问题。

我们积极融入数字检察战略，推广涉工程建设领域农民工工资支付大数据法律监督模型，促进专项治理。黑龙江省检察机关强化农民工权益保护，通过构建工程建设领域农民工工资支付大数据法律监督模型，办理了一批涉农民工工资行政检察监督案件，帮助 61 位农民工讨回薪酬 48 万余元，督促相关企业建立工资专款账户 6 件，涉及金额 340 余万元。

2024 年 3 月，最高人民检察院第七检察厅专门印发通知推广该监督模型，指导各级检察机关行政检察部门结合本地实际完善和应用好模型，并要求做好法律监督模型应用效果的数据统计报送和问题反馈工作，进一步推动各地聚焦农民工讨薪难问题开展专项监督，促进源头治理，助力解决农民工欠薪问题。

我们强化案例指引，及时编发行政检察助力根治欠薪典型案例，引领各地行政检察监督履职。为发挥典型案例的示范、指导和引领作用，依法推进拖欠劳动者工资问题解决。2024 年 4 月 3 日，最高人民检察院会同全国总工会印发"发挥行政检察监督职能助力根治欠薪"典型案例，指导各地检察机关、工会充分发挥职能作用，携手做好根治欠薪工作。

问：随着检察公益诉讼法定领域的不断拓展，职工权益保护领域已成为检察公益诉讼工作的新着眼点。请介绍一下，"检护民生"专项行动中，公益诉讼检察在劳动者权益保障方面的履职情况？

答：全国检察机关高度重视劳动者合法权益保障工作，2024 年 1

月至 3 月共立案办理劳动者权益保障领域公益诉讼 161 件。具体来说，我们着力开展了以下工作。

注重协同配合，凝聚保护合力。我们持续加强与人社、工会、住建、卫健等单位的协作。2023 年 3 月，最高人民检察院办公厅会同人力资源和社会保障部办公厅等多单位联合印发《工作场所女职工特殊劳动保护制度（参考文本）》和《消除工作场所性骚扰制度（参考文本）》。2023 年底至 2024 年初，最高人民检察院与全国总工会先后联合会签《关于协作保障劳动者合法权益的会议纪要》《关于协同推进运用"一函两书"制度保障劳动者权益工作的通知》，强化检察监督与"一函两书"衔接协作，加强事前监督和风险提示、协同协作保护劳动者权益。各地检察机关自上而下同步加强与人社、工会、住建、卫健等单位的协作配合，共同推进落实政府主导、各方协同、社会参与、法治保障的劳动者权益保障治理体系。我们注重加强公益诉讼检察职能与刑事检察、民事检察等融合履职。充分发挥"四大检察"融合发展和一体化办案优势，综合运用刑事打击、民事支持起诉、行政诉讼监督、公益诉讼检察建议等方式，多角度、多环节、多渠道助力劳动者权益保护，构建打击、保护、监督并重的综合保护格局。

聚焦重点群体开展公益诉讼监督。加强新业态劳动者权益保障。如针对灵活就业的外卖骑手等新业态劳动者权益保障新问题，江苏省昆山市检察院通过制发检察建议、召开联席会议等方式，推动有序清退个体工商户、拓宽工会入会渠道、完善城市配套服务设施等，构建新业态劳动者权益保护立体模式。强化残疾人就业权益保障。江西省检察院以督促相关行政机关落实残保金征收管理制度为切入口，推动残疾人就业权利保障，安置人数同比增长 38.88%。突出妇女平等就业权益、"三期"权益法治保障。江苏省扬中市检察院针对网络招聘中存在的"限男性""男士优先"等情形，通过诉前检察建议督促监管部门对相关用人单位依法监管的同时，督促完善网络招聘服务平台审核机制，对 139 条招聘信息纠正表述，并推动各部门建立联席会议制度，拓展妇女维权阵地。聚焦农民工欠薪整治开展公益保护。针对建设工程领域农民工工资保证金支取后行政机关未追缴补足的脱管问题，山东省潍坊市潍城区检察院及时启动行政公益诉讼程序，综合运用公开听证、制发检察建议、跟进监督等方式，督促相关行政机关依法履行各自监管职责，推动创新"银行保函+商业保险"支付方式，守护好农民工群体的"钱袋子"。推动加强劳动者职业病预防。贵州省安顺市平坝区检察院针对玻璃厂等企业违反职业病防治国家职业卫生标准和卫生要求、侵害劳动者合法权益的问题，通过检察公益诉讼监督与工会"一函两书"的有效衔接促进依法行政，以个案办理推动职业病危害专项治理。同时，将检察建议转化为代表建议，形成多部门联动保护重点行业领域劳动者健康权益的长效机制。

加强法治宣传，强化社会支持。全国检察机关深入落实"谁执法谁普法"普法责任制，通过案例宣传、公开听证、融合新媒体等方式，多维度打造普法宣传矩阵，着力构建劳动者权益保障社会支持体系。如上海市检察院依托松江公益诉讼宣传教育基地、青浦"最江南"实践基地等，联合工会组织打造职工权益维护普法宣传的前沿阵地，通过举办案例展示、专题研讨、主题培训等活动，推动普法宣传进企业、进园区，目前覆盖职工达万余人次，不断提升广大职工法治意识和维权意识。

（来源：最高人民检察院网站）

最高人民法院发布司法服务黄河流域
生态保护和高质量发展典型案例

(2024 年 5 月 29 日)

一、北京市朝阳区某环境研究所诉山西某铝业有限公司环境污染民事公益诉讼案

二、鄂尔多斯市人民检察院诉鄂尔多斯市某矿业有限责任公司生态破坏民事公益诉讼案

三、北京市丰台区某环境研究所诉韩城市某黄河渔业有限责任公司等生态破坏民事公益诉讼案

四、甘南藏族自治州生态环境局与夏河县某矿业有限责任公司生态环境损害赔偿协议司法确认案

五、四川省阿坝县人民检察院诉阿坝县某镇人民政府行政公益诉讼案

六、徐某杰等四人破坏计算机信息系统案

七、谭某祥诉常某龙、常某峰土地承包经营权合同纠纷案

八、贺某诉原阳县某镇人民政府确认行政协议无效案

九、罗某福等五人危害珍贵濒危野生动物、非法狩猎、掩饰隐瞒犯罪所得案

十、哇某某等六人盗掘古墓葬案

案例一

北京市朝阳区某环境研究所诉山西某铝业
有限公司环境污染民事公益诉讼案

【基本案情】

被告山西省某铝业有限公司（以下简称某铝业公司）从铝土矿提炼氧化铝后排出的固体废物赤泥堆积于某赤泥库。该赤泥库经环评验收后于 2006 年投入使用，总占地面积 1840 亩，设计总库容约 1664.3 万立方米。2013 年转为备用库，至今仍有部分库容。案涉赤泥库采取露天堆放，赤泥表面干燥后在风季易形成扬尘，造成严重大气污染。其间曾被当地环保部门责令停止违法行为并处以罚款。后原告北京市朝阳区某环境研究所（以下简称某环境研究所）就此提起公益诉讼，请求判令消除危险等。

【裁判结果】

山西省忻州市中级人民法院审理过程中，综合考量案涉赤泥库规模、现有防尘措施、危险程度等因素，主动引入技术专家对赤泥库封场充分论证，引导双方以消除生态环境风险为目的达成最终调解协议。该调解协议确定，由某铝业公司根据赤泥库现状，按照国家安全生产监督要求，五年内完成赤泥库封场。调解协议同时明确了封场期间采取的环境污染防范措施、不能封场时的替代方案及执行恢复效果评估等内容。法院经公告和审查认为该调解协议符合法律规定和保护社会公共利益要求，依法出具调解书予以确认。法院定期回访、持续跟进，经多次实验、地勘、设计、论证，督促某铝业公司确定赤泥库封场修复方案，项目总投资 1.3 亿余元。历时五年，案涉赤泥库封场项目于 2023 年 11 月竣工验收，调解书确定的内容全部履行完毕。

【典型意义】

本案是一起治理矿山废物保护生态环境的典型案例。我国是氧化铝生产大国，制铝工业固体废物赤泥大量露天堆积易对大气、地下水造成污染，而赤泥尾矿封场工程是世界性技术难题。《中华人民共和国黄河保护法》明确要求加强黄河流域各类污染的综合治理、系统治理、源头治理。本案中，人民法院坚持能动履职，以系统治理、生态修复为目标，促使当事人达成赤泥库封场调解协议，并协助被告企业寻找专家攻克技术难题，历时五年投入一个多亿资金最终高标准完成了案涉赤泥尾矿库封场工程。同时人民法院引导被告企业调整优化产业布局，打造成绿色发展产业集群，将生态包袱转化高科技、高效能、高质量的新质生产力。昔日沙尘滚滚的尾矿库变成集生态修复、土地再利用、新能源开发的千亩草场。本案是人民法院积极能动履职，做实生态环境修复治理"后半篇文章"，服务黄河流域生态环境保护和支撑高质量发展的典型案例，具有良好示范效应。

案例二

鄂尔多斯市人民检察院诉鄂尔多斯市某矿业有限责任公司生态破坏民事公益诉讼案

【基本案情】

鄂托克旗棋盘井镇位于内蒙古鄂尔多斯高原西部，距黄河直线距离仅 20 公里，该区域属严重缺水地区。被告鄂尔多斯市某矿业有限责任公司（以下简称某矿业公司）的煤矿矿井位于棋盘井地下水超采区，在生产经营过程中需严格依照批准的取水许可规定条件，取用因矿井掘进、开采破坏地下水含水层而产生的疏干水。鄂托克旗水利局 2016 年为某矿业公司煤矿生产经营核发取水许可证，许可该公司年疏干水量64.46 万立方米，年取水量 29.52 万立方米，年退水量 46.91 万立方米。2022 年 3 月，某矿业公司因将矿井疏干水通过未经批复的管道退至其他公司，且未安装计量设施，被鄂尔多斯市水利局处以罚款、补缴水资源税等行政处罚。经评估，某矿业公司超量疏干水量共计 331.23 万立方米，对区域具有水资源服务功能的奥灰含水层间接影响损害量为51.64 万立方米。检察机关对此提起民事公益诉讼。

【裁判结果】

内蒙古自治区鄂尔多斯市中级人民法院一审认为，《中华人民共和国水法》规定了取水许可制度和水资源有偿使用制度。《内蒙古自治区地下水保护和管理条例》进一步明确对矿产资源开采、地下工程建设疏干排水量达到规模的管理规制。某矿业公司的超量疏干水行为影响了地下水资源服务功能，造成地下水生态环境严重损害，应当承担生态环境损害修复责任。遂判决某矿业公司赔偿生态环境损害费用 194.68 万元及评估费。宣判后，各方均未上诉，一审判决已发生法律效力。

【典型意义】

本案系一起保护黄河流域地下水资源利用的典型案例。黄河流域干旱少雨，水资源短缺，地下水资源弥足珍贵。节约用水、保护水资源是全社会共同的责任。《中华人民共和国黄河保护法》明确规定量水而行、节水为重的基本原则，并对水资源节约集约利用作出专章规定。人民法院严格执行黄河流域水资源刚性约束制度，依法判令未依照批准的取水许可规定条件取水、未按规定安装取水计量设施的煤炭开采企业赔偿地下水生态环境服务功能损失，有力维护了区域地下水环境和饮水安全、生态安全。同时，教育引导被告企业认识到违法取用疏干水的危害，被告当庭对其生态环境损害行为赔礼道歉。本案审理对于加强水资源司法保护，促进节约用水，提升地下水资源集约节约安全利用水平具有积极意义。

案例三

北京市丰台区某环境研究所诉韩城市某黄河渔业
有限责任公司等生态破坏民事公益诉讼案

【基本案情】

被告韩城市某黄河渔业有限责任公司（以下简称某渔业公司）与韩城某投资建设有限责任公司（以下简称某投资公司）合作开发案涉黄河生态渔业示范基地建设项目，于 2016 年 3 月开始施工，总投资约 2.3 亿元，建设有广场、公寓楼、商铺、餐厅、停车场、办公房、人工水域等。项目区域在建设之前主要为洪泛平原和库塘，属于陕西黄河湿地省级自然保护区缓冲区范围。2017 年 2 月，韩城市国土资源局下发行政处罚决定，责令建设单位退还非法占用土地，并处罚款。案涉项目于 2017 年 6 月停止建设。后原告北京市丰台区某环境研究所（以下简称某环境研究所）提起民事公益诉讼，请求停止破坏黄河湿地侵害生态环境的行为，拆除全部违法构筑物，恢复湿地原状。

【裁判结果】

陕西省渭南市中级人民法院审理过程中，多次组织调解、现场勘察并协调督促相关生态环境保护监管部门履职。2019 年 4 月起，韩城市人民政府决定对案涉项目实施拆除，韩城市自然资源局、林业局下达了

《限期拆除通知书》。某渔业公司逐步完成案涉项目全部建筑拆除，并对案涉区域生态环境和湿地植被进行了修复。某环境研究所认可被告为环境治理所做的努力和修复结果，认为其诉讼目的业已实现，申请撤回起诉。经韩城市林业局出具案涉项目整改方案执行情况说明，并依法委托鉴定机构对案涉区域生态环境恢复效果进行评估，人民法院审查认为，整改方案符合湿地修复的规范要求，且案涉区域的生态环境经专业鉴定机构评估确认已基本得到恢复，某环境研究所的诉讼请求已因负有环境资源保护监督管理职责的部门依法履行监管职责而得到实现，裁定准许其撤回起诉。

【典型意义】

本案是一起在黄河沿岸违法开发建设破坏黄河生态环境的典型案例。湿地被称为"地球之肾"，黄河湿地作为候鸟迁飞路线上的栖息繁殖地，为鸟类提供了栖息、迁徙、越冬场所，且负有补给地下水、净化水质、涵养水源、调节气候等生态服务功能，在维持生态平衡、保持生物多样性、调节水文等方面发挥着重要作用。本案中，社会组织依法提起公益诉讼，人民法院依法能动履职，在诉讼中强化府院联动，通过发出司法建议推动行政主管部门履行监管职责，充分发挥了生态环境保护中行政执法优先的职能，对侵占黄河湿地的违法建设项目全部实施拆除，最终促使本案以撤诉方式解决，以最低的司法成本取得了最优的司法效果，为黄河流域生态环境协同保护提供了样板和示范。

案例四

甘南藏族自治州生态环境局与夏河县某矿业
有限责任公司生态环境损害赔偿协议司法确认案

【基本案情】

2019 年 7 月，中央第五生态环境保护督察组开展现场督察时发现，甘肃省夏河县某矿业有限责任公司（以下简称某矿业公司）含氰化物危险废物堆浸处置不到位，堆放废渣总量达 900 余万吨，其中堆浸渣 400 余万吨，渣场部分区域未铺设防渗膜，也未建设截洪沟，环境风险隐患突出。根据《甘南州贯彻落实中央生态环境保护督察反馈问题整改工作方案》既定的整改目标和整改措施，某矿业公司实施了案涉矿山地质环境恢复治理工程，并通过县、州两级政府整改验收。经甘南藏族自治州人民政府授权，甘南藏族自治州生态环境局与某矿业公司就生态环境损害赔偿进行磋商，达成生态环境损害赔偿协议，共同向人民法院申请司法确认。

【裁判结果】

甘肃矿区人民法院经审查认为，甘南藏族自治州生态环境局与某矿业公司达成的生态环境损害赔偿协议，内容真实，不违反法律、行政法规强制性规定且符合社会公共利益保护要求。某矿业公司根据协议约定，已经实施了案涉矿山地质环境恢复治理工程，并通过县、州两级政府整改验收，案涉矿区生态破坏问题已由某矿业公司恢复治理完成，某矿业公司承担生态恢复工程费 4685.67 万元及堆浸渣污染治理费 1183.97 万元等全部费用，并赔偿尚未修复的生态环境服务功能损失 144.39 万元。经依法公告，期满未收到异议，符合司法确认的法定条件，遂裁定该生态环境损害赔偿协议有效。

【典型意义】

本案是一起人民法院依法支持行政主管部门通过磋商程序维护黄河生态环境的典型案例。甘南高原是青藏高原"生态门户"，也是黄河、长江重要水源涵养区和补给区，生态功能极为重要。甘南高原海拔高、紫外线强、气候寒冷潮湿，生态环境极为脆弱，森林、草地、湿地等生态系统一旦被破坏，自我恢复能力差，自然修复周期长，人工恢复成本高。本案中，人民法院依法用好司法确认程序，对行政主管部门经磋商达成的生态环境损害赔偿协议予以确认，在确保重大生态环境治理案件及时高效处理的同时，依法支持行政主管部门与涉案企业通过生态环境损害赔偿磋商程序积极履行黄河上游污染防治和生态修复责任，共同守护好甘南高原黄河"蓄水池"生态功能，筑牢西部生态安全屏障，为实现黄河安澜，保障一泓清水向东流提供了有力司法保障。

案例五

四川省阿坝县人民检察院诉阿坝县
某镇人民政府行政公益诉讼案

【基本案情】

2022 年 9 月，四川省阿坝县某镇某垃圾集中处理点在处理垃圾时处理不符合规范，且存在临时聘用人员防护措施不到位等问题。该垃圾集中处理点濒临黄河支流贾曲河主河道，恶臭四溢、蚊蝇滋生，严重影响周边生态环境和居民生产生活，并对黄河水体安全造成威胁。被告阿坝县某镇人民政府（以下简称某镇政府）收到检察建议后，期满未进行有效整改，检察机关遂提起行政公益诉讼。

【裁判结果】

四川省阿坝县人民法院审理过程中，经查看现场确认情况属实，对某镇政府提出整改建议，指导其从保护黄河源头水体安全和全镇牧民生活饮用水安全出发，督促某镇政府进一步采取整改措施，切实有效解决濒河垃圾治理问题。2022年11月经现场回访，确认案涉垃圾集中处理点已全面整改完毕，社会公共利益受到侵害的情况已经消除。检察机关也认为其诉讼目的业已实现，申请撤诉，法院审查后依法裁定予以准予撤回起诉。

【典型意义】

本案是一起因为行政机关未履行生活垃圾治理义务引发的环境行政公益诉讼案。案发地处于若尔盖国家公园区域内。若尔盖湿地被誉为"中国最美高寒湿地"，是黄河上游重要水源涵养补给区，是黄河流域生态环境保护链的重要一环。《中华人民共和国黄河保护法》要求因地制宜推进农村厕所改造、生活垃圾处理和污水治理，消除黑臭水体。本案中，人民法院针对黄河若尔盖湿地范围内存在的生活垃圾集中处理不规范、行政机关履职不到位、影响群众生活和生态环境的情况，督促行政机关及时采取整改措施，推动实现了生态环境综合治理，满足了人民群众对美好生活的追求。本案最终以公益诉讼目的实现而检察机关撤诉的方式得到圆满解决，是人民法院不断深化生态修复责任落实，以法治方式切实解决乡村人居环境治理难题的生动实践，为黄河流域生态环境质量持续提升、城乡人居环境不断改善提供了司法保障。

案例六

徐某杰等四人破坏计算机信息系统案

【基本案情】

陕西省韩城市某焦化有限责任公司（以下简称某焦化公司）系陕西省重点排污单位，按照国家环保部门要求在其焦化厂焦炉烟囱上安装有烟气自动在线监测设施，并与国家环保重点排污单位自动监控与基础数据库系统联网。2022 年 9 月，被告人焦化厂副厂长徐某杰接到烟尘测试仪在线监测颗粒物排放数据超标的请示后，为避免监测数据超标，私自决定并授意被告人环保主管郭某伟拆卸相关装置，并由被告人炼焦车间工人张某具体实施。被告人炼焦车间主任贾某敏在巡查中发现相关装置被私自拆卸，未予制止，默许、纵容随意拆卸。2023 年 2 月，生态环境部督导检查时，为逃避监管，徐某杰授意郭某伟、贾某敏指使张某再次拆卸相关装置。前述拆卸行为造成某焦化公司焦化厂烟囱颗粒物在线监测数据明显低于排放标准，严重失真，影响国家环境空气质量监测系统正常运行。2023 年 3 月，韩城市生态环境局对某焦化公司烟囱排口烟气在线监测设施日均值有不同程度超标现象，对该公司处以 100 万元行政罚款。检察机关对徐某杰等四人提起公诉。

【裁判结果】

陕西省韩城市人民法院一审认为，徐某杰、郭某伟、贾某敏、张某四被告人违反国家规定，多次针对环境质量监测系统实施干扰采样行为，致使监测数据严重失真，环境保护主管部门对焦化厂颗粒物排放失去有效监管，造成严重后果，其行为均已构成破坏计算机信息系统罪。根据四被告人在犯罪中所起作用，以及均系自首、初犯并认罪认罚等情节，分别判处有期徒刑一年十个月至一年二个月不等，对部分被告人适用缓刑。宣判后，各方未上诉、抗诉，一审判决已发生法律效力。

案件审结后，审理法院督促某焦化公司进行整改，健全完善环保考核监督管理制度，组织员工学习《中华人民共和国黄河保护法》《中华人民共和国固体废物污染环境防治法》等法律法规，投资建设脱硫设备和除尘系统，实现了绿色合规生产。

【典型意义】

本案是一起典型的重点排污单位非法干扰环境监测设备的犯罪案件。生态优先、绿色发展是《中华人民共和国黄河保护法》确定的基本原则之一，该法明确黄河流域生态保护和高质量发展应落实重在保护、要在治理的要求，加强污染防治。本案案发地陕西韩城地处黄河西岸、关中平原东北隅，是一座以煤为基、因钢而兴的工业之城，也是汾渭平原大气污染治理重点城市之一。被告人所在焦化企业作为重点排污单位，贯彻国家环保政策不力，员工法治意识淡薄，干扰环境质量检测系统采样，造成恶劣社会影响。人民法院落实最严法治，严厉惩治逃避监管违法犯罪，充分发挥刑事审判惩戒和预防功能。同时，依法能动履职，督促企业学法、知法、守法，延伸审判效果，实现企业降污减碳协同增效，为助力深入打好污染防治攻坚战、协同推进黄河流域生态环境高水平保护和经济社会高质量发展提供了有益司法样本。

案例七

谭某祥诉常某龙、常某峰土地承包经营权合同纠纷案

【基本案情】

2018 年 2 月，被告常某龙、常某峰等人与山东东阿黄河河务局

（以下简称东阿河务局）签订《东阿黄河淤背区开发种植协议书》，承包期限自 2018 年 3 月至 2026 年 3 月，种植内容约定"甲方提供黄河淤背区土地，乙方负责开发种植经济林、果树、绿化美化树种、苗圃等，不提倡种植杨树，禁止种植小麦、玉米、棉花等高秆农作物"。2023 年 3 月，原告谭某祥与常某龙、常某峰签订《农村土地承包合同》，并为此支付 60000 元承包费。签约时，谭某祥曾告知租赁该块土地欲种植玉米，常某龙表示可以种植，也未向谭某祥出示与东阿河务局签订的种植协议及告知相关禁止性约定。东阿河务局在巡视过程中，得知谭某祥欲在案涉土地种植春玉米时，告知黄河流域淤背区禁止种植高秆作物。谭某祥即停止作业。双方多次协商种植事宜未果，引发纠纷。

【裁判结果】

山东省聊城市中级人民法院二审认为，黄河淤背区的开发使用应当遵守黄河河务管理有关规定，相关法律法规明确禁止在行洪河道内种植阻碍行洪的林木和高秆作物。案涉《东阿黄河淤背区开发种植协议书》中关于种植范围的特别约定不仅是常某龙、常某峰的合同义务，也是履行《中华人民共和国黄河保护法》的法定义务。常某龙、常某峰向谭某祥转包案涉土地时，隐瞒该块土地禁止种植高秆作物的事实，导致谭某祥无法实现合同目的。遂判决解除双方当事人签订的《农村土地承包合同》，由常某龙、常某峰向谭某祥返还承包费 60000 元。

【典型意义】

本案是一起典型的在黄河河道承包经营违反管理要求而导致合同无法履行的案件。黄河淤背区是为加固黄河堤防，通过抽取河流泥沙堆积于黄河两岸之外形成的地块，是黄河防洪工程的重要组成部分，具有涵养水源、增强工程抗洪能力、提供防汛材料等作用。《中华人民共和国黄河保护法》规定，国家加强黄河流域河道、湖泊管理和保护，禁止在河道、湖泊管理范围内建设妨碍行洪的建筑物、构筑物以及从事影响河势稳定、危害河岸堤防安全和其他妨碍河道行洪的活动。开发利用黄河淤背区应遵守黄河河务管理规定，种植阻碍行洪的高秆作物，可能危及人民群众生命财产安全。人民法院严格执行黄河保护法的规定，依法判令当事人解除合同、返还财产，维护了黄河淤背区土地开发利用秩序，消除黄河行洪安全隐患，运用法治手段保障黄河安澜。

案例八

贺某诉原阳县某镇人民政府确认行政协议无效案

【基本案情】

2019 年 1 月，河南省新乡市人民政府作出《新乡市人民政府关于河南省黄河滩区居民迁建 2018 年度平原示范区某社区项目实施方案的批复》，原则同意《河南省黄河滩区居民迁建 2018 年度平原示范区某社区项目实施方案》。2021 年 7 月 8 日，原告贺某的配偶张某签字确认收到《平原示范区某庄镇某村搬迁选房办法一》《平原示范区某庄镇某村搬迁选房办法二》。2021 年 7 月 19 日，张某与该镇黄河滩区居民迁建工程建设管理局签订《黄河滩区居民迁建搬迁协议书》，其家庭已经得到妥善安置。2023 年 7 月，贺某以某镇政府与张某签订的迁建搬迁协议未经其同意为由诉至法院，请求确认协议无效。

【裁判结果】

郑州铁路运输法院一审认为，黄河滩区居民迁建以户为单位进行，贺某长年在外务工，其配偶张某系具备完全行为能力的成年人，在原居住房屋实际居住，其作为该家庭的成年代表，可以与行政机关签订迁建搬迁协议并参与选房。案涉迁建搬迁协议是当事人的真实意思表示，没有违反法律、行政法规的强制性规定，协议签订后张某家庭收到了迁建家具、搬家费奖励以及新旧房抵扣差价，并搬离原居住房屋得到妥善安置。贺某所在家庭成员在案涉迁建搬迁协议中与其他搬迁村民享有相同条件待遇。贺某以张某签订迁建搬迁协议未经其同意为由，主张协议无效，于法无据，不能成立。一审法院遂判决驳回其诉讼请求。贺某提起上诉，郑州铁路运输中级法院二审判决驳回上诉，维持原判。

【典型意义】

本案是一起典型的因黄河滩区迁建而引发的补偿安置行政协议案件。《中华人民共和国黄河保护法》规定，人民政府应有序安排滩区居民迁建，实施滩区综合提升治理工程。黄河滩区是行洪、滞洪、沉沙的重要场所，政府实施黄河滩区迁建工程能够有力应对黄河水患带来的挑战，保障群众生命财产安全，实现长治久安，也有利于保护滩区生态环境，构建生态安全屏障。本案中，人民法院对依法签订且得到合理补偿的黄河滩区居民迁建搬迁协议的效力予以确认，支持了政府的迁建工程实施，能很好地教育引导滩区群众提升黄河保护的大局意识，积极配合滩区迁建、依法理性维权，以实际行动保障滩区综合提升治理工程有序推进，实现了政治效果、社会效果、生态效果和法律效果的统一。

案例九

罗某福等五人危害珍贵濒危野生动物、
非法狩猎、掩饰隐瞒犯罪所得案

【基本案情】

2021 年 4 月至 2023 年 3 月期间，被告人罗某福多次到宁夏收购野生鸟类幼鸟及蛋卵，孵化饲养后出售获利。罗某福还将 2 只珍稀动物疣鼻天鹅对外出售。被告人杨某兵、李某楠、薛某、张某弟分别在宁夏沙湖、星海湖和内蒙古乌梁素海等黄河湿地，通过网捕、掏窝等方式猎获野生苍鹭、灰雁等幼鸟及蛋卵出售给罗某福及案外人。除自行猎获野生鸟类外，张某弟多次收购他人猎获的野生鸟类出售给罗某福，杨某兵在罗某福收购部分幼鸟及蛋卵时为其提供临时放置场所并担任驾驶员。涉案幼鸟达 1000 余只、蛋卵 6000 余枚。经鉴定，案涉疣鼻天鹅是国家 Ⅱ 级重点保护野生动物，苍鹭、灰雁等野生鸟类为有重要生态、科学和社会价值的陆生野生动物。检察机关对罗某福等五人提起公诉。

【裁判结果】

银川铁路运输法院一审认为，被告人罗某福非法出售国家重点保护的珍贵、濒危野生动物，其行为构成危害珍贵、濒危野生动物罪。被告人杨某兵、薛某、李某楠、张某弟违反狩猎法规，在禁猎区、禁猎期使用禁用方法狩猎，其行为构成非法狩猎罪。被告人罗某福、杨某兵、张某弟明知案涉"三有"保护野生动物系非法狩猎所得仍多次予以收购，其行为构成掩饰、隐瞒犯罪所得罪。数罪并罚，判处罗某福等五人有期徒刑四年十个月至一年不等，对个别被告人适用缓刑，追缴各被告人违法所得等。宣判后，各方未上诉、抗诉，一审判决已发生法律效力。

【典型意义】

本案是一起典型非法捕猎和买卖野生动物的犯罪案件。作为全国唯一全境属于黄河流域的省份，宁夏得益于母亲河的滋养补给，拥有类型多样、特色鲜明的湿地资源，吸引了数以百万计的野生鸟类迁徙停留、繁衍生息。非法猎捕、收购、出售野生鸟类及蛋卵，阻断了迁徙候鸟自然繁殖，严重损害物种和生物基因多样性。《中华人民共和国黄河保护法》对加强黄河流域生态保护与修复、保护生物多样性作出明确规定。

没有买卖就没有非法捕猎。本案中，人民法院依法判处猎捕者与收购者承担刑事责任并依法追缴违法所得，全链条打击破坏野生动物资源犯罪行为，具有鲜明的警示教育意义。人民法院同时协调对接有关部门，做好扣押在案的鸟类和蛋卵救助养护，促使孵化出的 1100 余只野生苍鹭顺利回归自然，充分彰显了维护生物多样性、实现人与自然和谐共生的司法担当。

案例十

哇某某等六人盗掘古墓葬案

【基本案情】

2022 年 8 月，被告人哇某某等六人，经事先谋划商定，共同在青海省玉树藏族自治州某古墓葬群实施盗掘行为，盗掘三座古墓葬。被盗掘墓葬系青海地区唐（吐蕃）时期古墓葬，已列入第七批全国重点文物保护单位。经鉴定，收缴的文物 97 件中，二级文物 11 件、三级文物 70 件、一般文物 15 件、资料性文物 1 件。哇某某等六人的盗掘行为破坏了墓室等结构，导致墓葬包含的历史文化信息不完整，对古墓葬造成了不可挽回的损失。检察机关对哇某某等六人提起公诉。

【裁判结果】

西宁铁路运输法院一审认为，哇某某等六被告人违反国家文物管理制度，盗掘具有历史、艺术、科学价值的古墓葬，其行为均构成盗掘古墓葬罪。各被告人在犯罪活动中作用相当，根据犯罪的起因、事实、情节、认罪态度、悔罪表现及社会危害程度，结合部分被告人自首等情节，分别判处有期徒刑十年至六年零二个月、罚金 2.1 万元至 1.2 万元不等，没收作案工具，在案文物由扣押机关移交有关文物行政部门。宣判后，部分被告人提出上诉，青海省西宁市中级人民法院二审裁定驳回上诉，维持原判。

【典型意义】

本案是一起典型的打击破坏文物犯罪保护黄河文化的案例。黄河文化是中华民族的根与魂，见证了各民族文化的交往交流交融，承载了中华民族的集体记忆，凝聚了中华民族的情感认同。《中华人民共和国黄河保护法》首次以专章形式对文化的保护传承弘扬作出规定，建立黄河文化保护制度体系。本案中，被盗掘的青海古墓葬群位于三江之源玉树，是继西藏吐蕃古墓葬群后发现的第二大吐蕃古墓葬群，一经发现即被确定为全国重点文物保护单位，对于研究唐代吐蕃生活方式、丧葬习俗、民族交往等具有重要价值。六被告人的盗掘行为对古墓葬本体完整性造成了不可逆的破坏，成为当地历史文化传承和自然人文环境中永久的伤疤。人民法院严厉惩处破坏文物古迹犯罪，依法追究盗掘行为人法律责任，以司法之力守护黄河文化价值弘扬延续。本案审理对于引导当地群众正确认识受法律保护的古墓葬及其价值，对警示、震慑不法分子盗墓活动，共同保护传承弘扬黄河文化具有积极意义。

法答网精选答问

法答网精选答问（第四批）（节选）

问题 5：执行异议之诉案件中如何参照适用《最高人民法院关于人民法院办理执行异议和复议案件若干问题的规定》第二十九条"买受人名下无其他用于居住的房屋"的规定？

答疑意见：《最高人民法院关于人民法院办理执行异议和复议案件若干问题的规定》（以下简称《规定》）第二十九条第二项规定的"买受人名下无其他用于居住的房屋"，系为了规范人民法院办理执行异议和复议案件，结合人民法院执行工作实际而制定，而执行异议之诉必须实体审理，以实现实质公平为目标，目前多参照上述规定进行裁判。"名下无其他用于居住的房屋"属于较为典型的形式判断规则，执行异议之诉的实体裁判标准应为是否用于家庭基本居住生活需要。《全国法院民商事审判工作会议纪要》第一百二十五条认为："商品房消费者名下虽然已有一套房屋，但购买的房屋在面积上仍然属于满足基本居住需要的，可以理解为符合该规定的精神。"例如，商品房消费者名下首套住房面积较小，结合家庭人口及居住生活情况，另外购买的住房仍在满足基本居住需要范围内的，应认为符合《规定》第二十九条的精神。但对于购买投资型、豪华型房屋的，或者购买商铺等经营性房屋的，原则上不在本条保护范围之内。故房屋套数并非绝对标准，对此需要把握的是，一方面要保护人民群众对美好生活的向往，保护刚性和改善住房需求，另一方面要依法惩治恶意规避执行的行为。

咨询人：（海南省高级人民法院铁路庭）夏伟伟

答疑专家：（最高人民法院民一庭）万挺

法答网精选答问（第五批）（节选）

问题 5：对于按照 2023 年新修订的《行政复议法》第二十三条规定应当复议前置的情形，当事人在 2024 年 1 月 1 日后起诉到法院已经超过复议期限，但未超过起诉期限的，人民法院应否受理？

答疑意见： 人民法院应当依法予以受理。根据法不溯及既往的原则，救济权的行使应适用行政行为作出时的法律规范。2023 年新修订的《行政复议法》关于复议前置的规定适用于 2024 年 1 月 1 日以后作出的行政行为。对于 2024 年 1 月 1 日之前的行政行为，如果适用新法复议前置的规定，可能会剥夺当事人的诉权，明显背离当事人的合理预期。而且，从新修订的《行政复议法》扩大复议前置的初衷来看，其目的在于给予当事人更多权利救济机会，而非限制。当事人超过复议期限的，已丧失复议申请权，复议机关可能以超过申请期限为由不予受理。当事人在新修订的《行政复议法》实施之前未选择复议路径，并不能否定或者剥夺其合法诉权。当事人在起诉期限内，仍可以依法提起行政诉讼。例如，在新修订的《行政复议法》实施以前，对当场作出的行政处罚决定行为不服，当事人可以选择复议或者诉讼；在新修订的

《行政复议法》实施后，则属于复议前置情形。假如当场作出的行政处罚行为发生于 2023 年 12 月 1 日，新修订的《行政复议法》尚未实施，当事人可以在 2024 年 2 月 1 日前向行政复议机关申请复议，或者于 2024 年 6 月 1 日前向人民法院提起行政诉讼。但 2024 年 1 月 1 日新修订的《行政复议法》实施后，将对当场作出的行政处罚决定不服的情形纳入行政复议前置范围，若当事人于 2024 年 2 月 1 日之后向行政复议机关申请复议，则已过复议期限，复议机关可能以超过申请期限为由不予受理。其向人民法院提起诉讼时，如果人民法院再以该类情形适用新修订的《行政复议法》规定的复议前置为由不予受理，则会使得当事人因法律修改而无法获得应有的救济。

咨询人：（贵州省高级人民法院行政庭）黄瑶

答疑专家：（最高人民法院行政庭）杨科雄

招商引资协议的法律定性研究

——以优化法治化营商环境为视角

陈明灿[*]

　　法治是最好的营商环境，诚信是政府最好的招商名片，谁拥有法治化营商环境，谁就拥有竞争优势。改革开放以来，招商引资活动一直是各地政府的重点工作。由于现行法律未明确规定招商引资协议性质，而不同的协议性质决定适用不同的诉讼程序，进而产生不同的裁判结果，面对裁判结果的不确定情形，投资主体无法对营商结果进行合理预期，定然会影响投资主体的投资热情。因此，招商引资协议的性质认定是亟待关注并解决的问题，高效公正化解该类纠纷对优化营商环境至关重要。

一、招商引资协议法律性质的界定现状及问题

　　以"招商引资"为关键词在中国裁判文书网进行检索，案件类型

---

　　[*] 作者单位：江西省宜春市中级人民法院。

分别限定为"行政案件""民事案件"，时间限定为 2020 年 1 月 1 日至 2023 年 6 月 1 日，共检索到裁判文书 757 份，加上 2015 年至 2019 年间最高人民法院的裁判文书 14 份，排除无关案件、重复案件最后得到样本文书 157 份。本文以这 157 份裁判文书为研究样本，讨论招商引资协议性质认定问题。

（一）招商引资协议的名称多样化

招商引资是指地方政府以向投资主体承诺减免土地租金、提供生产经营保障为主要形式，针对该地域投资环境的一种销售行为。① 招商引资协议的名称种类较多，比如招商引资协议、合作协议书、项目合作意向书、入园协议等（见表 1）。招商引资协议属于一个大类的合同范围描述，涉及的权利义务宽泛且多为框架性约定，有些协议仅有招商引资的字眼，但内容完全不涉及公共利益和公权力，这种当然是民事合同。有些招商引资协议的主体虽然不是行政机关，却是政府专为某个项目设立的下属投资平台公司，根据政府的相关文件或者会议纪要等方式代表政府意志，这种协议也属于本文讨论的招商引资协议范围。

表 1　样本案件中招商引资协议的名称分类

名称类型	招商引资协议（招商引资合同）120 件，占比 76%
	合作协议书 24 件，占比 15%
	入驻协议、项目合作意向书等 13 件，占比 9%

（二）招商引资协议性质界定混乱

在样本案件中，法院将招商引资协议定性为民事合同的有 83 个，

---

① 参见王立新：《镇政府不兑现招商引资奖励允诺如何救济》，载《人民司法》2007 年第 8 期。

认定为行政协议的有 71 个，协议性质未予明确的有 3 件（见表 2）。整体上看，《最高人民法院关于审理行政协议案件若干问题的规定》（以下简称《解释》）的实施，尚未完全改变关于招商引资协议是民事合同还是行政协议的性质存在争议的局面。

表 2 样本案件中招商引资协议的性质认定分类

性质认定	民事诉讼 受理 93 件	定性为民事合同 77 件，依法受理
		定性为行政协议 13 件，驳回起诉
		协议性质未予明确 3 件
	行政诉讼 受理 64 件	定性为行政协议 58 件，依法受理
		定性为民事合同 6 件，驳回起诉

在《解释》发布后，最高人民法院行政庭负责人表示"有的法院将一些复杂的协议类案件，民事推给行政，行政推给民事，这种现象既不利于保障当事人的诉讼权利，也不利于树立人民法院的良好形象……从充分保护当事人诉权的角度，司法应当充分尊重当事人的救济路径选择权"[1]。但从表 2 可知，《解释》发布以后，关于招商引资协议性质的判断还是依靠法官自由裁量，不尊重当事人诉权、行政和民事互相推诿的情况时有发生，损害了司法公信力。

（三）影响法治化营商环境的打造

招商引资协议的性质决定适用何种诉讼程序，不同的诉讼程序显然会导致不同的裁判结果。如不改变这种现状，则会导致一系列问题。

---

[1]　参见姜佩杉：《最高法行政庭负责人就〈最高人民法院关于审理行政协议案件若干问题规定〉答记者问》，载《中国法院报》2019 年 12 月 11 日。

1. 无法形成稳定、可预测的投资市场环境

法治化的营商环境能够为投资主体提供稳定、可预测的经营环境。① 根据《行政诉讼法》的规定，行政案件的起诉期限是六个月，如果当事人无正当理由超过起诉期限，法院不再受理该案件，当事人直接丧失诉权。而根据《民法典》的规定，一般民事案件的诉讼时效是三年。两种诉讼程序的起诉期限不同，且超期的后果也不同。因此，在司法实践中无法判定招商引资协议的性质将出现以下局面：一方面，已经超过起诉期限的行政协议被认定为民事合同而立案，浪费司法资源；另一方面，未超过诉讼时效的民事合同被认定为行政协议时，将出现因超过六个月未起诉而不能在法院立案的现象，导致纠纷不能在法院化解。② 不稳定的投资环境将引发投资主体的不安情绪。需要特别指出的是，《解释》第二十五条中对行政协议案件的审理进行了分情况讨论，是建立在协议的性质已被认定为行政协议的基础上，所以《解释》的规定不影响上述论述的合理性。

2. 行政权力可能被滥用

行政协议的行政性决定了双方当事人的不平等地位，行政机关可基于公共利益需要，或以国家政策方针的变动为由，享有单向变更或者解除合同的权力，这就是行政优益权。行政协议没有明确的判断标准，很难准确判断协议性质，一旦出现判断失误的情况，将原本仅为行政机关与民事主体签订的民事合同认定为行政协议，就赋予了行政机关行政优

---

① 参见常健：《国家治理现代化与法治化营商环境建设》，载《上海交通大学学报（哲学社会科学版）》2021 年第 6 期。

② 参见麻锦亮：《纠缠在行政性与协议性之间的行政协议》，载《中国法律研究》2017 年第 1 期。

益权，产生超脱于民事主体的特权。① 当行政主体享有行政优益权时，协议能否正常履行可能完全取决于政府的意愿。这就可能出现地方政府为追求经济利益而滥用其特权地位，肆意变更或者解除协议，严重侵害投资主体的合法权益。同时，也不能排除地方政府与投资主体相互勾结，中饱私囊侵害公共利益。

3. 市场秩序被破坏

合同是经济社会的产物，经济行为产生了合同，而合同又能极大地促进经济的发展。民事合同强调当事人之间享有平等的法律地位，双方当事人拥有订立、变更或解除合同自由，能够充分发挥交易双方的主观能动性，这是交易的前提条件和市场经济持续发展的必备条件。而行政协议与民事合同区别在于，其本质涉及行政行为，是行政管理的产物而不是市场交易的产物。② 当然，行政协议的双方当事人也是一种平等关系，但与民事合同双方当事人的平等相距甚远；并且，在民事合同中的等价有偿、公平等原则不能完全被适用。因为行政协议始终被公共利益所羁绊，投资主体在公共利益面前也必须让步。因此，如果招商引资协议被定性为行政协议，双方当事人之间的地位不平等，行政机关可基于本身的行政权力而迫使投资主体作出不当的让步，甚至行政机关可能随意违约、毁约，损害投资主体的既得利益。这将严重挫伤投资主体的投资热情，从而导致该区域内的营商环境不理想，使经济发展受创。

4. 投资主体缺乏信心

在目前的司法实践中，各级人民法院更倾向于将招商引资协议认定为行政协议，这种趋势无疑会损害投资主体的投资信心。在行政机关一

---

① 参见宋海东：《新行政诉讼法语境下行政协议若干问题探析——以类型化诉讼为视角》，载《山东审判》2015 年第 6 期。
② 参见杨靖文：《行政协议的识别与类型研究——从公权到公务标准的渐进》，载《类案研究》2020 年第 14 期。

方违反行政协议时，投资主体尚可以通过行政诉讼的方式维护自身权益，但如果投资主体违反协议，行政机关不能通过行政诉讼对投资主体提起诉讼，而可以直接作出单方行政行为要求投资主体履约或是申请法院强制执行。所以，一律通过行政诉讼程序解决招商引资协议纠纷，不是化解纠纷的最优解。

有法院认为，双方民事主体在自由签订协议之后，只要不违反法律规定，合同就合法有效。例如，开发区已履行合同约定的交付土地的义务，企业却未完全履行合同约定的支付土地出让金义务，企业构成违约，应承担违约责任。① 在上述情况下，将该协议认定为行政协议使得行政机关无法在法院提起诉讼，而行政机关根据《行政诉讼法》的规定，可直接申请当地法院对企业财产强制执行。对企业来说，纠纷没有经过诉讼或仲裁解决，财产就被地方政府辖区内的法院直接强制执行了，不利于投资主体建立投资信心。

二、招商引资协议性质争议的成因辨析

招商引资是地方政府发展经济的有力手段，但招商引资相关的法律规定多出现在政策性文件、部门规范性文件中，缺乏明确的法律规范。在目前的司法实践中，对如何判断招商引资协议的性质，最高人民法院明确了"司法解释+典型案例"的认定方式。《解释》第一条、第二条对行政协议作了"定义+列举"的规定，随后在发布的典型案例"大英县永佳纸业有限公司诉大英县人民政府不履行行政协议案"② （以下简称"永佳纸业案"）中，详细解释了认定方式。但即便如此，招商引

---

① 参见贵州省高级人民法院（2019）黔行终 448 号行政判决书。
② 参见最高人民法院行政审判庭：《最高人民法院关于审理行政协议案件若干问题的规定理解与适用》，人民法院出版社 2020 年版，第 403~405 页。

资协议的性质认定依然争议不断。

（一）法律规范不足

目前，国内没有招商引资的专门性法律，由于招商引资协议常涉及土地流转、税收优惠、扶持政策等内容，所以对招商引资活动的规范常在《土地管理法》《企业所得税法》《外商投资法》等法律中出现。虽然招商引资协议有行政协议的特征，但其不属于《行政诉讼法》以及《解释》第二条中明确列举的法定行政协议类型。协议内容涉及土地出让，但与《民法典》规定的建设用地使用权出让又不相同，所以法院在审查招商引资协议案件时，可依据《行政诉讼法》《民事诉讼法》《民法典》以及相关法律和部门规章的规定。① 招商引资相关的司法文件、国务院及部门文件见表3。

表3 招商引资相关的司法文件、国务院及部门文件

法律文件	名称
司法文件	《最高人民法院关于依法平等保护非公有制经济促进非公有制经济健康发展的意见》
国务院规范性文件	《国务院关于加强土地调控有关问题的通知》
	《国务院关于加强政务诚信建设的指导意见》
	《国务院关于深化改革严格土地管理的决定》
	《国务院办公厅关于规范国有土地使用权出让收支管理的通知》
	《国务院办公厅关于建立国家土地督察制度有关问题的通知》

---

① 参见凌维慈：《行政协议实质标准的判断方式——最高人民法院行政协议典型案例第1号评析》，载《法律适用》2022年第1期。

（续表）

法律文件	名称
部门 规范性文件	《国家发展改革委等部门关于实施促进民营经济发展近期若干举措的通知》
	《国土资源部、监察部关于进一步落实工业用地出让制度的通知》
	《商务部办公厅关于在招商引资工作中严格执行国家有关土地政策的通知》
	《商务部办公厅关于制止层层分解并考核招商引资指标的通知》

地方政府是开展招商引资活动的主力军，但与招商引资相关的地方性法规不多，反而是在地方政府规章及规范性文件中经常出现（见表4）。例如，《黑龙江省优化营商环境条例》中明确县级以上人民政府应当在法定权限内制定招商引资优惠政策，签订的招商引资协议应当依法备案，接受营商环境主管部门的监督，并依法履行协议。[①] 也有一些地方政府将招商引资协议定性为政府协议，但政府协议和行政协议都存在相同的问题，就是理论界和实务界对政府协议的性质也争议不断。

表 4　招商引资相关的地方性文件

法律位阶	名称
地方性法规	《黑龙江省优化营商环境条例》
地方政府规章	《广州市政府协议管理规定》
	《珠海市政府协议管理办法》
	《兰州市政府协议管理规定》
	《厦门市关于鼓励招商引资奖励暂行办法》
	《长春市招商引资奖励规定》
地方规范性文件	《荆门市招商引资政策》《洛阳市政府协议监督管理办法》等

---

① 详见《黑龙江省优化营商环境条例》第三十条。

（二）《解释》第一条、第二条的规定范围过宽

《解释》第一条明确了行政协议的定义。根据第一条判定招商引资协议的性质时，需要从四个方面分析：一是主体要素，协议的一方当事人必须是行政机关，另一方是行政相对人；二是目的要素，协议的订立应当以实现行政管理或者公共服务为目标；三是内容要素，协议的内容必须具有行政法上的权利义务；四是意思要素，协议应当由双方协商一致。①《解释》第二条采用"列举+兜底"的方式明确了行政协议的常见种类，但没有将招商引资协议明确纳入行政协议的范围。《解释》第一条的定义是模糊的，而第二条虽然也列举了一些协议类型，但"其他行政协议"的兜底规定，导致法官实际适用的难度倍增。

1. 主体要素不准确

《民法典》规定国家行政机关是特殊的民事主体，所以主体要素要求一方主体是行政机关并不是行政协议的显性特征。行政机关本身就具有行政和民事这两重属性，在市场经济中，完全可以是任一类型合同的主体。当行政机关依据职权行使权力时，这是一种单方行政行为，投资主体充当被管理对象，依此关系产生的合同是行政协议。而当行政机关以普通民事主体身份参与到合同中，如购买水、电、餐饮等服务时，这显然是民事合同，双方当事人都享有平等的法律保护，不存在行政特权。不能因行政机关是合同的一方当事人即认定该合同为行政协议。换句话说，假设把行政机关参与民事活动的行为都纳入行政协议的规范范围，那么行政机关在任何市场活动中，都能行使行政优益权，投资主体在行政机关面前将始终处于被动的状态，不仅不能保障可预期的投资收

---

① 参见杨科雄：《试论行政协议的识别标准》，载《中国法律评论》2017 年第 1 期。

益，还可能因为行政机关的行政优益权导致企业破产倒闭。①

2. 目的要素太宽泛

目的标准要求行政机关订立协议是为了实现行政管理或者公共服务目标，当协议中规定了行政优益权条款时，可以判定该协议有公共利益的目的，因为行政优益权的行使必须以保护公共利益为由。② 有法院认为，民事合同的双方当事人签订合同目的是基于私人利益，而行政机关签订的协议是为了公共服务或为了实现行政管理目标，在行政协议的履行过程中，行政机关可根据公共利益单方变更、解除协议，可依法作出行政强制措施或行政处罚行为。③ 从中可以看出，有的法院不仅将以公共利益为目的作为判定行政协议的标准，还以行政机关是否享有行政优益权作为判定的标准。

笔者认为，法院以行政机关订立协议是基于公共利益的需要来判定招商引资协议的性质不具说服力，这将会扩张行政协议的范围，导致越来越多的民事合同被认定为行政协议。"行政管理或者公共服务目标"这种表述不是具象化表述，几乎可以等同于公共利益的含义，无法为司法实践提供准确、简明的判定标准。运用法律解释学的方法，公共利益属于抽象概念，它的内涵和外延上具有模糊性和延展性的特点。④ 所以，以"行政管理或者公共服务目标"作为行政协议的判定标准，实际上仍将给予法官较大的自由裁量权，依然无法解决关于行政协议性质争议的难题。⑤

---

① 参见王利明：《论行政协议的范围——兼评〈关于审理行政协议案件若干问题的规定〉第1条、第2条》，载《环球法律评论》2020年第1期。

② 参见麻锦亮：《纠缠在行政性与协议性之间的行政协议》，载《中国法律评论》2017年第1期。

③ 参见最高人民法院（2017）最高法行申4588号行政裁定书。

④ 参见王利明：《法律解释学导论——以民法为视角》，法律出版社2009年版，第423页。

⑤ 参见"安丘市人民政府与潍坊讯驰置业发展有限公司行政纠纷案"，最高人民法院（2017）最高法行申7679号行政裁定书。

3. 行政法上的权利和义务难判断

《解释》第一条规定,在判断协议性质时,应考虑该协议是否具有行政法上的权利义务内容。与上述的主体要素和目的要素相比,内容要素似乎更具体,标准也更明确。但不能忽视的是,行政法上的权利义务究竟是什么,在该法条中并没有详细阐述。在典型案例"永佳纸业案"中,法院从三个方面判定协议是否具有行政法上的权利义务:一是是否行使行政职权、履行行政职责;二是是否为实现公共利益或者行政管理目标;三是该协议的条款中是否规定了行政机关享有行政优益权。[①] 以这三方面的结合来判定行政协议的性质,似乎比前述两要素更具可行性。即行政机关行使行政职权、履行行政职责和行政机关享有行政优益权作为行政协议的标的和内容,再结合公共利益的目标进行综合判断。[②]

但是,行政法上的权利义务这种表述依然比较宽泛,还是无法提供明确的判定标准,所以,根据上述案例,法院在认定某协议是否包含行政法上的权利义务关系时,仍需结合行政机关是否出于保护公共利益这一目的来判断,这混淆了内容标准与目的标准。归根结底,行政机关参与到合同行为中去,其实很难排除其具有行政法上的权利义务。这就表明,行政法上的权利义务关系不能作为行政协议的判定标准。

三、招商引资协议认定的域外借鉴

招商引资协议性质认定的本质是行政协议的界限问题。行政协议制度在域外有些国家实行已久,后被我国根据本国国情借鉴形成了现行的

---

① 参见最高人民法院行政审判庭:《最高人民法院关于审理行政协议案件若干问题的规定理解与适用》,人民法院出版社 2020 年版,第 403~405 页。
② 参见最高人民法院 (2017) 最高法行申 195 号行政裁定书。

行政协议制度。所以，域外行政协议制度的经验做法可以作为招商引资协议性质认定的良好参照物。尤其是法国与德国的实践经验对于我国的行政协议制度的发展具有十分大的参考价值。在英美法系国家，政府与私主体签订的契约叫作政府合同，政府合同案件与一般的民事合同纠纷无异，都适用普通法规则进行调整，并统一由普通法院进行管辖，[①] 所以在此不再赘述。

（一） 法国的行政协议性质认定模式

法国关于行政协议的研究历史悠久，有学者称行政协议最早诞生于法国。法国公法的理论基础是公共服务理论，保障公共管理事务高效运转是政府的义务。以公共服务理论为原点，法国通过一系列行政判例建立了其行政协议制度。法国行政协议的判断主要有两方面：一是看协议内容是否与公共服务有关；二是看协议中行政机关是否拥有特权，只要具备其中之一，则协议就具有行政性，属于行政合同。[②] 由于各类协议与公共服务的联系紧密，公共服务理论也无法完全准确判断，于是法国对于行政协议的判断提出了一种补充条件——超越普通法的条款。有法国学者认为应基于三方面来判定是否是行政协议：一是协议主体一方必须是行政机关；二是协议目的是实现公共管理；三是具备超出普通法的条款。[③] 在法国的司法实践中，具备超出普通法的条款只是一种辅助判定手段，只要具备前两方面就可判定为行政协议。

法国行政协议的判断标准研究可供我国借鉴之处在于，法国行政法院在审理行政协议案件时，对"与公共服务有关"这一要素须进行缩

---

① 参见崔建远：《行政合同族的边界及其确定根据》，载《环球法律评论》2017 年第 4 期。
② 参见冯毅：《欧洲一体化影响下的英国行政法》，载《宪政与行政法治评论》2005 年。
③ 参见杨解君：《法国行政合同》，复旦大学出版社 2009 年版，第 29 页。

限解释，严格规定行政机关只有在执行公务时签订的合同才认定为行政协议。这种严格适用缩限解释的判定方式，将行政机关正常的民事合同行为排除在外，防止行政协议的范围扩大。另外，法官想要清晰准确地把握协议目的，可把协议内容作为一种辅助手段来考量。

（二）德国的行政协议性质认定模式

德国将行政协议称为公法契约，德国《行政程序法》对行政协议有专门的规定，内容比较翔实，使德国成为世界上第一个以法典形式确定行政协议的国家。德国《行政程序法》规定，行政协议的认定方式是以公法范畴的法律关系为标准，即契约标的理论。该理论认为，契约标的的内容决定了某一协议纠纷应当被看作行政协议由行政法院审理，还是属于民事合同由民事法院审理。而所谓的契约标的，是指契约条款或内容衍生的权利义务关系，这种权利义务关系的判断应该综合整个协议的内容，不能仅就个别条款进行分析。[①] 我国行政协议判断标准学说中所说的"具有行政法上权利义务内容"就是借鉴了德国的契约标的理论。

德国公法学者还提出了公法契约的双阶理论，具体而言就是有关协议的订立问题由行政法规范调整，而之后的履行则运用民法规则。这与我国《解释》中的规定有异曲同工之妙。根据我国相关司法解释的规定，针对行政机关协议履行问题产生的争议的诉讼时效以民事法律规范为准，而因行政机关行政行为引发的矛盾则依《行政诉讼法》的相关规定。德国以阶段进行划分，而我国更强调依据具体行为来划分，都是将同一关系分为两个部分，以便进行更为全面细致的研究。

---

① 参见李训民：《公法契约之控制——从公私合伙架构谈起》，载《行政法学研究》2012 年第 1 期。

（三）域外经验的启示

不同的国家不约而同产生某种相似的制度设计，或许意味着在这种相似性的背后可能存在着某种具有普适性的规律。总结域外行政协议制度具有的共同特点，有助于发现我国制度当前存在的不足并采取具有针对性的应对策略。

1. 制度设计应当立足本国当前的发展需要

不同的国家有着不同的法律文化，不同的法律文化孕育不同的法律规则，不同的法律规则组成各不相同的法律制度。[①] 各个国家由于其各自不同的法律文化与传统，产生了各有特色的行政协议司法审查制度。我国行政协议司法审查制度的发展也应当从本国的需要出发，不能盲目移植与本国已有制度体系难以兼容的法律制度。我国行政协议司法审查制度方兴未艾，更应该注重其在现有法律体系中的兼容性，在制度设计上应与我国现有法律体系高度吻合。与此同时，还应当根据本国的现实需要对既有的法律制度进行必要的改进以适应行政协议诉讼的特殊要求。

2. 妥善处理公私法的适用问题

法国选择了仅适用公法规范，英美法系国家则统一适用普通法规范。我国同德国一样，在行政协议诉讼中既适用公法规范也可以适用私法规范，因此公私法各自的适用边界如何划分是我们亟待解决的一个问题。依法行政原则是行政法的基本原则，要求行政机关的每一个行政行为都必须有法律的授权，即"法无规定不可为"，而民法则以私法自治、契约自由为基本原则，要求契约必须建立在平等主体的意志自由基

---

① 参见刘飞:《行政协议诉讼的制度构建》，载《法学研究》2019 年第 6 期。

础上，并且认为契约双方享有按照自己的意思设立、变更、终止法律关系的自由，即"法无禁止即自由"。① 行政协议综合了行政行为与民事合同的特点，因此面临着依法行政原则与契约自由原则之间的冲突如何调和的问题。

3. 加强行政优益权的司法规制

行政优益权是行政机关享有的单向强制性权力，而当权力不受限制时必定会走向滥用和扩张。② 如果缺乏监督，那么行政优益权就很容易会成为行政机关肆意毁约的借口。

我国目前虽然在实体法律层面并未对行政优益权行使应遵守的原则、程序等问题进行规定，但是在司法解释中肯定了行政机关在行政协议的履行中可以为了社会公共利益而单方面变更、解除协议。就这一点而言，我国与德国和法国一样，都肯定行政优益权作为一个法律上的普遍性规则而存在。但不同的是，德国对行政优益权持谨慎态度，因而专门设置了监督和异议审查制度，法国则设置了与行政优益权制度相对应的相对人保护制度，我国却没有类似的制约机制。③ 这也暴露出我国招商引资协议一旦被认定为行政协议，将缺乏对行政优益权制约机制的一大缺陷。因此，我们有必要通过优化制度安排和明确性质认定等方式对行政机关行使这种权力的行为进行严格规制，以弥补当前在立法层面存在的缺陷。

---

① 参见陈国栋：《行政协议审判依据的审查与适用——76 号指导案例评析》，载《华东政法大学学报》2018 年第 3 期。

② 参见陈天昊：《行政协议合法性审查机制的构建》，载《法学》2020 年第 5 期。

③ 参见韩思阳：《无效行政协议审查规则的统一化——兼评〈行政协议解释〉》，载《法学杂志》2020 年第 5 期。

四、构建契合法治化营商环境理念的认定模式

党的十八大以来，习近平总书记高度重视营商环境的改善，对营商环境建设作出一系列重要指示，提出一系列重要要求，多次强调法治是最好的营商环境。因此，笔者以司法服务社会发展大局为出发点，意识到当下最优的招商引资协议认定模式，必须契合优化法治化营商环境的理念。

（一）法治化营商环境对司法的要求

根据《优化营商环境条例》等法律法规，笔者提出优化法治化营商环境对司法工作的几个要求。

1. 营商结果的可预测性

市场主体或者营商主体进行投资，需要清醒地、准确地意识到投资的结果，这样才能够下定决心去开展相关的生产经营活动。[①] 如果当地政府打造的营商环境使投资主体无法预期投资效益，那么当地的营商环境肯定是不达标的。

2. 意思自治的广泛性

根据我国《民法典》的规定，从事营商活动的民商事主体具有充分的意思自治，所有的生产经营活动必须由市场主体自己来做主，而不能由别人来强加，所以市场主体意思自治的广泛性就成为法治化营商环境的一个必要的条件或必需的标准。

3. 公权干预的合规性

投资主体意思自治不代表行政机关对市场经济毫不干预，全世界的

---

① 参见沈广明：《行政协议单方变更或解除权行使条件的司法认定》，载《行政法学研究》2018 年第 3 期。

任何一个国家也不能完全放弃对本国市场行为的干预。但是干预一定是在合理的限度范围之内依法依规干预。

4. 权益受损的可救济性

任何国家都很难绝对禁止侵权行为、不诚信的行为和损害他人利益的行为，但在一个法治国家法治化的营商环境中，只要权益受到侵害，就一定能够获得有效救济。① 各类投资主体和企业家处在这种营商环境下，才能够大胆投资、放心生产、安心经营。

（二）构建公式化综合标准的认定模式

最高人民法院在典型案例中明确提出了"四要素+两标准"的招商引资协议性质认定模式。笔者以法治化营商环境对司法的要求为基础，借鉴当前司法实务现有的认定模式，进行提炼优化，以主体、目的、内容为要素，提出一种公式化综合标准的认定模式。

1. 公式化综合标准的构成

公式化综合标准强调行政协议的判断应当像逻辑严谨的计算公式一样，一要有固定的要素，二要有明确的运算顺序及规则。在笔者看来，公式化综合标准以主体、目的以及内容为构成要素，具体而言，招商引资协议认定为行政协议应当符合以下几点：一是主体是行政机关和公民、法人或组织；二是协议的目的是实现行政管理或公共服务目标；三是协议内容要具有行政法上的权利义务。这一标准脱胎于最高人民法院主张的四要素标准，坚持了对主体、目的及内容要素的强调。

但笔者未将意思要素纳入招商引资协议认定标准，主要有以下几点原因：第一，意思要素是区分行政协议与行政行为的鲜明标志，但招商

---

① 参见王楠：《行政协议基本理论问题探析——基于德国行政法比较视角》，载《新经济》2019年第10期。

引资协议具有明显的"契约"性，行政机关和投资主体都可以充分表达自己的意向。第二，就目前行政协议判断标准研究的重难点来看，行政协议与民事合同的界分之所以难以明确，就是因为行政协议的协议性，协议过程不仅是行政协议所需要的，更是民事合同得以成立的基本要求。① 所以，意思要素根本无法区分招商引资协议到底是行政协议或是民事合同。

2. 公式化综合标准的认定方式

公式化综合标准不是判断要素的堆积，这种标准强调在主体、目的及内容这三要素之间存在一种顺序排位，在对招商引资协议性质进行判断时需按照此顺序进行。基于实践操作的便利性和适用的普遍性，应该按照主体、目的、内容的顺序依次进行分析。具体而言，法院在判断一个招商引资协议是否属于行政协议时，首先应判断主体是否是行政机关与公民、法人或者其他组织，其次看主体之间订立协议的目的是否是"实现行政管理和公共服务目标"，最后判断这一目的有无使主体之间产生行政法上的权利义务内容。三个要素只有同时符合才能把招商引资协议认定为行政协议，否则就是民事合同。运用公式化综合标准进行招商引资协议的性质判断，仅需要对三个要素进行审查，减轻了裁判者的负担。同时，层层递进的顺序能让裁判者始终保持清晰的逻辑思路，对协议有条不紊地审查，说理也能更加令人信服。

主体、内容和目的三要素之间本就具有内在逻辑，三者层层递进才使得这种顺序得以推进，并且每个要素还有可能需借助其他标准进行判断。行政机关与投资主体的存在才使行政法上的权利义务关系成为可能，才能突出是为了行政管理或公共服务目标；行政法上的权利义务关

① 参见王洪亮：《论民法典规范准用于行政协议》，载《行政管理改革》2020 第 2 期。

系又要借助主体和目的来进行辅助判断；而在目的与内容的关系上，以行政管理或公共服务目标为内容的目的是前提，具有行政法上的权利义务关系是后果。

3. 公式化综合标准运用的限制

公式化综合标准能有效解决传统认定模式要素较多且没有次序的问题，对于招商引资协议的性质认定具有重要作用。除了对三要素间逻辑顺序的强调，公式化综合标准在运用时仍有一些问题需要引起重视，需要对其运用进行限制。

一是对主体要素的限制。对于协议双方主体，公式化综合标准对其身份都进行了强调，要求必须是行政机关与公民、法人或者其他组织，其中，行政机关不仅可以是获得法律法规授权的组织或者接受行政机关委托的组织，还可以是行政机关专门为某项招商引资活动设立的投资平台。这是考虑到两个方面的原因：一方面，行政协议肯定具有契约性，但其本质上仍是一种行政行为，行政法的主体恒定为行政机关和行政相对人，行政协议当然也要符合该规定；另一方面，通过明确限定双方当事人的身份，将其他不相关的协议都排除，有效规避了主体说的弊端。行政主体虽然是行政协议的必备要素，但也不能仅依靠外观主义进行判定，对于行政主体的认定还需进行实质判断，需结合目的、内容要素进行综合考量。

二是对目的要素的限制。对目的的判断强调必须是直接目的，而不考虑间接目的，这是对法国公共服务的判断经验之借鉴。法国法上强调只有直接执行公务的协议才是行政协议，而对于直接目的的判断，则可以参考因果关系理论中的近因理论。该理论主张一个原因未经其他原因的介入而产生一种特定结果时，该种原因就是最近原因，通过近因原则的引入，实现对行政协议目的的限制，以避免不当扩张目的的内涵而滥用行政协议的情形。① 在这种对目的的严格限制下，就将行政机关的一些常见民事行为排除在行政协议之外。比如，行政机关购买餐饮服务或其他保障行政工作运转的后勤保障事务，这些协议的目的不涉及公权力的运用，因此只是行政机关与另一方当事人的普通的民事行为。

三是对于内容要素的限制。一个行政协议肯定不是全部都涉及行政性事项，也会有不少民事合同事项。因此，在运用目的要素进行招商引资协议性质判断时，应该把视野扩大到所有条款。如果仅因个别条款涉及民事权利义务的约定，就将该协议认定为民事合同，会导致协议的订立目的落空。所以，对目的要素进行分析时，应当放眼于所有协议条款，充分运用整体性思维。同时，协议性质的最终认定也不是由条款的数量决定，应当找出协议的核心条款进行判断。

（三）性质认定需贯彻平等法律保护原则

各类市场主体最期盼的是平等法律保护，一次不公正的执法司法活动，对当事人而言，轻则权益受损，重则倾家荡产。在性质认定的过程中，法官要始终站稳优化营商环境的政治立场，贯彻平等法律保护原则，杜绝直接把招商引资协议认定为行政协议的不良导向。

1. 严格限制行政优益权行使

行政机关为了构建自由、稳定的营商环境，必须严格规制行政优益权的行使。行政优益权是对合同自由的公法限制。当把招商引资协议认定为行政协议时，合同自由或称意思自治易受到行政优益权的影响，因此须进行严格规制，才能消除投资主体对市场经济秩序的担忧。

为防止行政机关滥用行政优益权，行政机关应遵循三项原则。一是

---

① 参见邢鸿飞、朱菲：《论行政协议单方变更或解除权行使的司法审查》，载《江苏社会科学》2021 年第 1 期。

维护公共利益原则。根据《解释》第十六条的规定，投资主体如果在履约过程中，出现可能严重损害国家利益或社会公共利益的情形，行政机关可以作出变更或解除协议的行政行为。二是诚信原则。诚信原则在协议中主要表现为对投资主体的信赖利益保护，指非因法定事由并经法定程序，行政机关不得随意撤销、变更已经生效的行政协议。三是比例原则。行政机关在行使行政优益权时，必须采取对投资主体侵害最小的方式进行。

2. 承担违约损害赔偿责任

行政协议项下的违约责任更多带有契约属性，不同于传统行政法中的行政侵权赔偿责任。最高人民法院发布的第一批行政协议典型案例则进一步表明，行政机关违法行使行政优益权造成协议相对人合法权益受损的，应当依法承担违约责任。[①]

行政协议的公益性质不能否定契约属性，违约赔偿范围应包括履行后的可获得利益，才能让投资主体放心大胆投资，提振投资主体信心。[②] 同时，行政机关也必须遵守诚信原则履行合同义务，不能消极履行或任意变更、解除合同。

招商引资协议在本质上具有商业投资的属性，而商业活动具体形式丰富多彩，商业思维不断创新，这些客观事实决定了招商引资协议认定难以长时间遵循一个固定的模式或者模板。[③] 所以，政府方、投资方均需要对招商引资合同进行长期而持续的观察和思考，才能确定招商引资协议的属性。

---

① 参见案例"马某诉黑龙江省齐齐哈尔市龙沙区人民政府不履行房屋征收补偿协议案"，载微信公众号"最高人民法院"，最后访问时间：2023 年 8 月 28 日。

② 参见朱亚鹏：《行政协议司法审查若干问题研究》，载《法学》2020 年第 8 期。

③ 参见江必新：《中国行政合同法律制度：体系、内容及其构建》，载《中外法学》2012 年第 6 期。

五、结语

政府职能经历了从管理型政府到服务型政府的转变，新时代的政府在高质量发展中不断简政放权、创新服务，大力发展经济，带领老百姓过上幸福美好的生活。政府打造法治化营商环境是为了更好地招商引资，激活市场活力，优化产业升级，促进经济发展。招商引资协议性质认定一直是争议焦点，笔者选择从优化营商环境的视角来认定招商引资协议的性质，对招商引资协议的性质判定提出了公式化综合标准的认定模式，希望对招商引资协议的理论研究及纠纷化解提供一个新的思路。

最新法律文件解读丛书
稿　　约

最新法律文件解读丛书是一套以为最新法律规范提供同步"解读"为主的系列丛书,分为刑事、民事、商事、行政与执行4个分册,按月出版。

本丛书以"解读"为重点,突出全、专、新、快、准等特点,通过对最新出台的法律、法规、司法解释、部门规章以及重要地方性法规进行同步动态解读,弥补了法律、法规、司法解释汇编类出版物没有同步阐释、解读内容的不足,为广大读者学习理解最新法律规范,正确贯彻执行法律文件,及时解决实践中的新情况、新问题,提供一个全方位、多层面的法律信息平台。

欢迎您向以下栏目赐稿:

【最新法律文件解读】主要是对最新颁行的法律文件进行解读,帮助司法和执法人员正确理解法律文件的立法背景、意义、重点内容、在适用中应注意的问题、与相关法律文件的衔接与互动关系等。

【司法实务问题研究】主要刊登对司法理论、实务及司法管理工作中的热点、疑难问题进行研究及评论的文章。

【新类型疑难案例选评】主要是对司法和行政执法实践中具有典型性和代表性的疑难案例,结合具体案情以及审理或处理结果进行简练精辟的点评,解析认识问题的方法、处理问题的法律依据和在个案中的具体适用。

【法学前沿与新视点】以摘要的形式刊登相关法学理论研究的最新动态及具有代表性和典型性的前沿问题,扩展法学研究的深度和广度。

【法律适用问题解答】主要针对司法和行政执法实践中面临的新问题、热点问题、疑难问题进行简要的解答,指出涉及的法律关系,明确法律适用依据。

稿件一经刊用即付稿酬,稿酬从优。

《刑事法律文件解读》　　杨晓燕　邮箱:5184621@ qq. com

《民事法律文件解读》　　杨　洁　邮箱:1216921515@ qq. com

《商事法律文件解读》　　路建华　邮箱:shangshijiedu@ 126. com

《行政与执行法律文件解读》　丁塞峨　邮箱:1290312696@ qq. com

人民法院出版社

最新法律文件解读丛书编辑部

人民法院出版社 2024 年连续出版物

中国审判指导丛书

1.《刑事审判参考》
最高人民法院刑事审判第一庭、第二庭、第三庭、第四庭、第五庭共同主办。全年 6 辑，每辑 68.00 元，共 408.00 元。

2.《民事审判指导与参考》
最高人民法院民事审判第一庭编。全年 4 辑，每辑 68.00 元，共 272.00 元。

3.《商事审判指导》
最高人民法院民事审判第二庭编。全年 2 辑，每辑 68.00 元，共 136.00 元。

4.《立案工作指导》
最高人民法院立案庭编。全年 2 辑，每辑 68.00 元，共 136.00 元。

5.《审判监督指导》
最高人民法院审判监督庭编。全年 2 辑，每辑 68.00 元，共 136.00 元。

6.《知识产权审判指导》
最高人民法院民事审判第三庭编。全年 2 辑，每辑 68.00 元，共 136.00 元。

7.《涉外商事海事审判指导》
最高人民法院民事审判第四庭编。全年 2 辑，每辑 68.00 元，共 136.00 元。

8.《中国少年司法》
最高人民法院少年法庭指导小组编。全年 4 辑，每辑 68.00 元，共 272.00 元。

9.《执行工作指导》
最高人民法院执行局编。全年 4 辑，每辑 68.00 元，共 272.00 元。

10.《国家赔偿与司法救助办案指导》
最高人民法院赔偿委员会办公室编。全年 2 辑，每辑 68.00 元，共 136.00 元。

最新法律文件解读丛书
《刑事法律文件解读》《民事法律文件解读》《商事法律文件解读》《行政与执行法律文件解读》
人民法院出版社编。全年 12 辑，每辑 28.00 元，共 336.00 元。

判解研究系列

1.《判解研究》
中国人民大学民商事法律科学研究中心主办，著名民法学家王利明教授主编，CSSCI 来源集刊。全年 4 辑，每辑 68.00 元，共 272.00 元。

2.《刑事法判解》
北京大学法治与发展研究院刑事法治研究中心主办，著名刑法学家陈兴良教授主编，车浩教授任执行主编。全年 2 辑，每辑 68.00 元，共 136.00 元。

3.《刑事法判解研究》
北京师范大学刑事法律科学研究院编。全年 2 辑，每辑 68.00 元，共 136.00 元。

司法从业人员案头必备权威工具书

1.《司法文件选》
最高人民法院研究室编。全年 12 辑，每辑定价 8.00 元，共 96.00 元。

2.《司法文件选解读》
最高人民法院研究室编。全年 12 辑，每辑定价 10.00 元，共 120.00 元。

3.《司法文件选（2023 年合订本）》
最高人民法院研究室编。本书定价 82.00 元。

4.《司法文件选解读（2023 年精选集）》
最高人民法院研究室编。本书定价 86.00 元。

银行汇款方式：
开户银行：工行北京国家文化与金融合作示范区金街支行
账号：0200000709004606170
开户名称：人民法院出版社有限公司
传真：010-67550541
上述图书，邮购请加 15% 邮费。

邮局汇款方式：
邮编：100745
地址：北京市东城区东交民巷 27 号
联系人：人民法院出版社有限公司
咨询电话：010-67550595　67550536